丛书编委会

总　策　划：来新国　王文成

编委会主任：郭齐勇　周晓亮

编　　委：来新国　陈知涯　张　彧　尹格韬　沈　众
　　　　　　　王文成　孟淑贤　周长志　罗养毅　秦　丹
　　　　　　　乌　琛

大家精要
典藏版丛书

简读
王夫之

萧萐父
许苏民 著

陕西师范大学出版总社　西安

图书代号　SK24N1909

图书在版编目(CIP)数据

简读王夫之/萧萐父，许苏民著 .— 西安：陕西师范大学出版总社有限公司，2024.10
（大家精要：典藏版/郭齐勇，周晓亮主编）
ISBN 978-7-5695-4221-9

Ⅰ.①简… Ⅱ.①萧… ②许… Ⅲ.①王夫之（1619-1692）—人物研究 Ⅳ.① B249.25

中国国家版本馆CIP数据核字（2024）第027598号

简读王夫之
JIAN DU WANG FUZHI

萧萐父　许苏民　著

出 版 人　刘东风
策划编辑　刘　定　陈柳冬雪
责任编辑　王红凯
责任校对　陈柳冬雪
封面设计　龚心宇　张潇伊
出版发行　陕西师范大学出版总社
　　　　　（西安市长安南路199号　邮编710062）
网　　址　http://www.snupg.com
印　　刷　深圳市福圣印刷有限公司
开　　本　889 mm×1194 mm　1/32
印　　张　7
插　　页　4
字　　数　126千
版　　次　2024年10月第1版
印　　次　2024年10月第1次印刷
书　　号　ISBN 978-7-5695-4221-9
定　　价　49.00元

读者购书、书店添货或发现印装质量问题，请与本公司营销部联系、调换。
电话：（029）85307864　85303629　　传真：（029）85303879

目录

第1章 王夫之的生平事迹 /001
　倜傥不羁的青年时期 /003
　投身激流的壮年时期 /009
　瓮牖孤灯的归隐时期 /022

第2章 王夫之的思想 /038
　哲学思想 /039
　史学思想 /076
　道德伦理思想 /096
　政治思想 /112
　经济思想 /139
　文艺美学思想 /149

第3章　王夫之思想的历史地位与历史命运 /161

历史地位 /163

历史命运 /186

附录 /208

年谱 /208

主要著作 /215

第1章

王夫之的生平事迹

王夫之（1619~1692），字而农，号薑斋，湖南衡阳人，明末清初与顾炎武、黄宗羲齐名的三大思想家之一。崇祯十五年（1642）举人。清军攻入湖南后，他组织了抗清的武装起义，失败后投奔南明永历政权，担任行人司（相当于外交部）行人职务。清军攻克桂林后，他回到湖南。晚年归隐衡阳石船山下，闭门撰著，写下了许多重要的著作。他用的别号或笔名很多，如朱陵一瓠道人、南岳遗老、续梦庵柴人、大明典客、船山遗老等，学林普遍称之为船山先生。

在中国社会经济发展史和思想文化发展史上，明清之际是一个特殊的转折时期。明代中期以后，具有近代因素的商品经济蓬勃发展，并开始走向世界，出现了"工商皆本"的经济思潮、"缘数以寻理"的科学思潮、"以众论定国是"的政治思潮、唯情主义的文艺思潮，以及"各从所好，各骋所长"的个性解放思潮等等。但这一时期，也出现了以清代明的民族危机和因贫富差距扩大而导致的大规模农民战争。崇祯十七年，吴三桂引清军入关镇压农民军，而汉族人民和南方各族人民为反抗清军贵族的屠杀和奴役政策，又进行了长达四十余年的民族保卫战争。王夫之的一生，正是在这一时期度过的。

在以清代明的历史条件下，王夫之满怀深挚的爱国热情，认真总结明王朝覆灭的教训，重新审视中国传统社会的经济、政治和思想文化，继承晚明以来的各种新思潮并加以发展，来建构未来民族复兴的蓝图，在哲学思想、史学思想、道德伦理思想、经济政治思想、文学思想诸方面都作出了新的理论创造。他的崇高爱国主义情操、独立不苟的人格风范和社会批判精神，至今仍是推进中华民族伟大复兴的精神力量。

倜傥不羁的青年时期

家学渊源

明朝万历四十七年九月初一（1619年10月7日），王夫之诞生于湖南衡阳城南回雁峰王衙坪一个读书人家庭。这年他的父亲王朝聘五十一岁，母亲谭孺人四十三岁，长兄王介之十三岁，次兄王参之亦近十岁。王夫之排行第三，故小字"三三"。因为他从小就很聪明，颇为全家所喜爱。

衡阳王氏家族的祖籍本是山西太原，元朝末年迁居江苏高邮。王夫之的十一世祖王仲一，从朱元璋起兵而立下战功，被封为骁骑公；王仲一之子王全为燕王朱棣夺取皇位亦立下战功，被封为衡州卫指挥；此后六代都是世袭武职，定居于衡州。到了高祖王宇，才开始弃武习文；曾祖王雍，"以文名著南楚"，曾任县教谕等学官。祖父王惟敬，以隐居自得其乐，家境渐趋没落。

王夫之的父亲王朝聘（1568～1647），字逸生，又字修侯，是一位饱学秀才，学者们尊称他为武夷先生。虽然七次参加科举考试皆名落孙山，但在当地却颇有名气。王夫之三岁那年，他已经五十四岁，第八次参加乡试，本已被主考官赏拔，却因为对策中触犯了副考官的名讳而被置于副榜，只有到北京国子监去读书的资格。"十年燕赵"（天启元年至崇祯四年，1621~1631），学业大进，本可去做官，但目睹官场黑暗，愤然撕毁了委任状牒，拂袖而归。从此，息影家园，以处士终老。在学术上，他受学于名儒伍学父，得"濂洛正传"，但他却特别注重当时的经世实学，博通天文、地理、兵农、水利等学问。又曾问学于阳明江右学派的邹德溥，"以真知实践为学"。一生坚持个人节操和民族大义，耿介不阿，对王夫之的学养德操产生了深远的影响。

王夫之的叔父王廷聘（1576~1647），字蔚仲，号牧石，也曾问学于伍学父，是一位文史知识极为丰富的乡居秀才。在王夫之心目中，叔父王廷聘首先是一位诗人，古体诗有"建安风骨"，近体诗超过何景明、李梦阳，而不喜欢竟陵派的诗风。王廷聘见其兄屡试不第，早已蔑弃功名，自甘退隐林泉，筑室野外，起名为"曳涂居"，又建了一个小亭子，起名为"濠上"。这两个名字都是出自《庄子》。他还常常称慕王绩、林逋等人的隐士风骨，这对王夫之的生活道路和学术思想也有着不可忽视的重要影响。王夫之说自己"早岁披猖"，不听父亲的话，叔父常常将其"召置坐隅，酌酒劝戒，教以远利蹈义，惩傲物谦，抚慰叮咛，至于泣下"。

王夫之的长兄王介之（1606~1686），字石崖，号耐园、铿斋，也是一位乡居饱学秀才，一生严于律己，授徒为生。他对经学很有研究，著有《周易本义质》《春秋四传质》《诗序参》等书。王夫之四岁入塾发蒙，由长兄教读，到七岁时已读毕十三经。王夫之说自己少年时刚愎好动，"狂嬉无度"，赖长兄之严教，"檠括弛弓，闲勒逸马，夏楚无虚旬，面命无虚日"。

十岁时其父授以五经经义，夫之自称："余自束发受业经义，阅经义亦数万首。"十四岁考中秀才，经湖广学政王志坚推荐，入衡阳州学读书。只花了两年时间，就读完了衡阳州学的全部藏书。

十六岁开始学诗，老师就是叔父王廷聘。读古今诗作不下十万首，并能与叔父以诗相唱和。他十七岁时写的《中秋里人张灯和牧石先生》律诗，有句云"鸾回碧汉临明镜，龙向江天护宝珠"，对仗就已经很工整了。另一首《初婚，牧石先生示诗有"日成博议几千行"之句，敬和》，是十九岁时所作，诗云："闲心不向锦屏开，日日孤山只弄梅。冷蕊疏枝吟未稳，愧无博议续东莱。"抒发了初婚时的浪漫情怀，并表明他已在叔父指导下学写史论。他所受的传统诗学和史学的良好教育，主要得力于叔父王廷聘。

科举道路

王夫之生于晚明社会动荡、危机四伏的年代。他出生前三年，即万历四十四年（1616）的正月，明朝建州卫都指挥使、女真族部落首领努尔哈赤公然分裂东北的大片国土，建国号曰"金"，以主权独立国家的姿态出现。万历四十六年四月，努尔哈赤大举向明朝进攻，在短短三年内占领了除辽东以外的东北广大地区。崇祯皇帝登基后，后金军队又三次绕道进入关内，在河北、山东境内大肆烧杀抢掠，把大批汉人掳掠到关外去当奴隶，民族危机十分深重。与此同时，从崇祯初年起，陕西、河南又不断发生农民暴动，到处攻城略地，声势越来越壮大，使明王朝处于严重的内忧外患之中。王夫之感念时艰，交友结社，慨然有匡时救国之志。崇祯十一年（1638），他二十岁，游学于长沙岳麓书院，参加了邝鹏升组织的"行社"。次年，王夫之在衡州（今湖南衡阳）与好友郭凤跹、管嗣裘、文之勇等组织"匡社"。在此期间，他特别关心动荡的时局，据王敔记述："盖亡考自少喜从人间问四方事，至于江山险要，士马食货，典制沿革，皆极意研究。读史、读注疏，于书志年表，考驳异同，人之所忽，必详慎搜阅之，而更以闻见证之。"

他从十五岁起就开始考举人，连续三次赴武昌应乡试，均受挫落第，直到二十四岁时才考中。长兄王介之、好友管嗣裘也同时中举。他以《春秋》第一考中第五名，受到督学高世泰和考官欧阳霖、章旷等的器重。督学高世泰是晚明东林党领袖高攀龙的侄子，以承续东林学派为己任，主持湖广学政。他对王夫之考卷的评语是："忠肝义胆，情见乎词。"王夫之亦尊称高世泰为"吾师"，并曾写诗为高太夫人祝寿，盛赞师门"传家忠孝""灵苗春长"。

王夫之在武昌中举后，参加了熊渭公等召集的黄鹤楼"须盟"大会。熊渭公，湖北黄冈人，移居武昌，博学，广交游。王夫之屡赴武昌乡试，得以与之相识。此次"须盟"大会，与会者有百人之多，各拈韵赋诗以明志。熊渭公先作四言诗启幕，末章云："试望木末，好花翩翩。清明佳气，勃发楹前。"王夫之亦即兴赋诗一首，诗云："古人已往，不自我先。中原多故，含意莫宣。酒气撩云，江光际天。阳鸟南征，连翼翩翩。天人有策，谁进席前。"诗中反映出王夫之对"中原多故"的时局的极端忧虑，热切希望能有人献出"天人三策"以挽救危局。

情感生活之剪影

王夫之的青年时代，留下了一个"君子好色而不淫"的故事，体现了王夫之广交游的情感生活的一片剪影。

王夫之中举后，在武昌逗留了一段时间。在这期间，诗友刘自煜送给他一位美丽的歌女，名叫秋影，不仅能歌善舞，而且通晓音律，十分聪明伶俐。王夫之喜欢不喜欢秋影？当然喜欢。可是王夫之却写了一首诗，婉言谢绝了好友的美意。诗云：

君有清歌付雪儿，遥将红豆寄南枝。

海棠漫倚西川锦，自是无诗到李宜。

诗的第一句中的"雪儿"乃是隋末名士李密的宠姬，李密每见宾客有好的诗作，就交给雪儿演唱。这是借历史上"雪儿"的美好形象来比喻秋影的善歌和可爱。第二句又借王维"红豆生南国，春来发几枝"的诗意，来比喻好友以佳人相赠。而后二句，则借杜甫在成都无诗咏海棠、苏轼在黄州未写诗赠李宜的典故，来向刘自煜委婉表示：自己因为缺少诗情，写不出好的诗作来让秋影歌唱，所以也就不能接受他所赠送的这位美人了。

这年冬天，王夫之与长兄介之一起赴京参加会试，取道水路，舟至南昌，谒举主欧阳霖，又被招游龙沙，观赏汤显祖手题，诗有"离乱集师友，兹游不可轻"句。这时，李自成农民军已经席卷河南，攻克南阳，再围开封，大败明官军，随又攻克襄阳，分兵西破荆州，东下黄冈。同时，张献忠农民军也正横扫安徽，进逼蕲水。大江南北，战火纷飞。

北上的道路已经不通，使王夫之兄弟感到非常茫然。正月初一，船泊章江，王夫之写下了纪行诗二首，其一曰：

闲心欲向野鸥参，更听鱼龙血战酣。

何事春寒欺晓梦，轻舟犹未渡江南。

诗中所谓"鱼龙血战"，显然是指农民军与明官军正展开血战。他预感到，北上的"梦"已难实现，兄弟二人相商只好回转。遂由吉安涉云阳，下洣水归。其《江行代记》诗第八首云："虔兵入卫气骄横，归路庐陵屡夜惊。取次渚宫成贼垒，萧条淮北尽空城。"晚明社会矛盾的激化，明清易代的特殊变局，打破了青年王夫之的"进士梦"。历史的变局推动着他选择了另外的人生道路。

投身激流的壮年时期

二十五岁以后十年中，王夫之失去了读书应试的恬静生活，被动地卷入了时代激流。在当时国内民族矛盾急剧上升而又与阶级矛盾互相扭结的形势下，他在激流中勇进，经历了各种复杂的历史情境，终于达到了一个无愧于时代的思想者的成熟。

拒绝农民军的招聘

崇祯十六年（1643）春，王夫之回到家乡，刻印了他第一部诗集《漧涛园初集》。他本想做一个闲适高雅的田园诗人，但动荡的时局却打破了他的这一梦想。

这年秋天，张献忠农民军攻克武昌，将明楚王朱华奎投入江中；接着进军长沙，攻克常德，抄了大官僚豪绅杨嗣昌的家。随后，农民军的年轻大将艾能奇就带着他的部下进了衡州城，指名招请新中举人的王夫之兄弟和管嗣裘等人参加农民政权。

王夫之听到这一消息，立即逃入深山。农民军四处搜索，将他的父亲王朝聘捕获，软语相劝，要他将夫之兄弟招来。而王朝聘就是不答话，只求一死。夫之闻讯，为了全家脱身，就把自己的手脸刺伤，在伤口上敷以毒素，装作伤势很重的样子，叫人将他抬至郡城，并谎说大哥已死；又有一位在武昌即参加了农民军的文友奚鼎铉为王夫之说情，农民军这才不再勉强，放他们父子俩回家。

此后，王夫之逃匿到衡岳的黑沙潭，作《九砺》以明志，诗前有小序，说之所以写《九砺》，是仰慕屈原、郑所南的"忠愤出于至性"；而所以抗拒农民军的招请，是因为不能容忍"从贼者斥国为贼"。

联合农民军抗清的湘阴献策

崇祯十七年（1644）春，李自成在西安建政，国号"大顺"，建元"永昌"。同年三月十九日，李自成率农民军攻陷北京，明思宗朱由检在煤山（景山）自缢身亡。农民军进京后，迅速腐败，李自成的一个部将竟然霸占了明朝山海关总兵吴三桂的宠妾陈圆圆，导致吴三桂"冲冠一怒为红颜"，引清军入关。李自成出京迎战，大败，不得不退回北京。四月二十九日，李自成在北京即皇帝位，在圆了他皇帝梦的第二天，就仓皇西撤，把北京城拱手让给了清军。清军占领北京后，以该年为清顺治元年，建立了清王朝。王夫之听到崇祯皇帝殉国的消息，悲痛万分，作《悲愤诗》一百韵。同年，王夫之一家迁往南岳双髻峰下，筑茅屋而居，起名"续梦庵"。

清军占领北京后，先后颁布了圈地令、严禁逃人令、剃发令，实行民族奴役政策。顺治二年（1645），清军南下，四月二十五日，攻克扬州，明兵部尚书史可法壮烈殉国。清军大肆杀戮，至五月初二才宣布"封刀"，但实际上杀戮并未停止，故有"扬州十日"之说，八十余万男女老幼惨死于屠刀之下。五月初八，清军趁大雾夜渡长江，十五日占领南京，南明弘光政权灭亡。王夫之闻讯，又作《悲愤诗》

一百韵。

面对清军残酷屠杀的暴行，王夫之滋长了强烈的民族意识，把民族大义放在一切正义的首位，把对农民军的仇恨转向清朝统治者及无耻降清的败类，并寄希望于联合农民军来共同抗击清军。他冷静地分析了湖北、湖南的抗清形势：一方面，在两湖境内有明朝的湖广总督何腾蛟、湖北巡抚章旷、湖南巡抚堵胤锡率领的数十万军队，"三公为鼎三足"，是两湖抗清力量中的三大重镇，而章旷作为监军可以起调和作用；另一方面，是李自成大顺军的余部，尚有近五十万人。顺治二年，李自成退到湖北，被当地人杀死于九宫山，余部由高一功、李过、郝摇旗和刘体纯等分别率领，皆屯驻在两湖境内。他们改变了与明朝敌对的立场，组成"忠贞营"，提出了"联明抗清"的口号，并与何腾蛟、堵胤锡等取得联系。在这种情况下，如果何、堵二人能与农民军精诚合作，就有挽救危局的希望。然而此二人虽身膺重任却无远谋，既猜忌、排斥农民军，又互相钩心斗角，百余万军队猬集湖南，而兵饷无着，"措置无术"，形势十分危急。此情此景，使王夫之再也不能安坐在漱涛园书斋中了。

顺治三年（1646）夏，王夫之只身赴湘阴，求见监军章旷。王夫之中举时，章旷是考官，当时国家的形势已经很危急了，章旷为能识拔王夫之这样的人才感到欣慰，遂将他引为知己，临别时以志节相砥砺。此次王夫之去见章旷，就是为了给他出谋划策来挽救危局。他在给章旷的上书中分析了形势，"指画兵食"，并"请调和南北，以防溃败"；认为何腾蛟、堵胤锡分据两湖，自应合作，且必须联合大顺农民军，统筹粮饷，共同抗清。在《盛夏奉寄章峨山先生湘阴军中》诗中，他认定"师克在和"，农民军已转向抗清，"铜马已闻心匪石"，应当联合，并表白自己完全出于"丹忱专在念时艰"的耿耿忠心。他想通过章旷把自己的策划上达于何腾蛟、堵胤锡，但未引起章旷的重视，反而答以："本无异同，不必过虑。"王夫之失望而归，而此后事态的发展，正印证了他的忧虑。

王夫之从湘阴归家后不久，其妻陶氏因父母兄弟均于丧乱中亡故而悲痛以卒，年仅二十五岁。王夫之为之作《陶孺人像赞》《悼亡诗》四绝，有"一断藕丝无续处，寒风落叶洒荒阡"等句，语甚哀挚。但遭受了丧妻之痛的王夫之依然关心战局，并对明朝军队的作战多有效力。据当时正在章旷军中任参军的蒙正发追忆："东安数月，湖南节义之士，莫不闻声景从，衡阳举人王介之、夫之、邹统鲁、夏汝弼、李跨鳌、管嗣裘、吴汝润、周仕仪虽匿隐南山僻谷，或密报情况，请商方略，或悲歌唱和，缄寄诗篇；风雨邮筒，间道不绝。"

衡山起兵

顺治三年十月，明朝两广总督丁魁楚、广西巡抚瞿式耜等人拥立桂王朱由榔于肇庆，以次年为永历元年。在此后的二十多年中，这一政权一直是华中和大西南地区抗清战争的指挥中心。王夫之准备投奔永历帝，以求有所作为。好友郭凤跕劝他不要去，动之以"退静之情"，要他当隐士。可是，作为一位血性男儿，又岂能在民族危亡的紧要关头退伏幽栖？顺治四年（1647）四月，他与好友夏汝弼拟由湘乡间道奔赴广西，可是，行至距湘乡西南九十里的车架山时，却遇霖雨弥月，被困于山中，未能如愿。这年清军分两路南攻，一路由降将孔有德带队，攻下湘阴、长沙，进逼衡州，王夫之全家逃散，其父亲、二叔、二叔母和仲兄，均在战乱中相继去世。他也四处逃难，"草中求活"。国仇家恨，萃于一身。王朝聘临终时嘱咐夫之兄弟：誓不降清，遗体不得过城市"与腥膻相涉"；又以始祖骁骑公随朱元璋起义兵逐元之事，勉励王夫之起兵抗清。

顺治五年（1648）湘桂战局发生变化。先是明降将金声桓、李成栋先后在广西、广州反正，然后是大顺农民军组成的"忠贞营"奋起反攻，大败清军于湘潭地区，收复了益阳、湘潭、湘乡、衡山等地；何腾鲛也发动反攻，取得全州大捷，攻入湖南，正由永州向衡州挺进。王夫之大受鼓舞，毅然决定与夏汝弼、管嗣裘、僧性翰等在南岳方广寺举兵抗清。关于此次举兵的详情已难确考。从王夫之留下的诗文中，只略知此次举兵活动，经历过一番"涉历险阻，涓戒同志，枕戈待旦"的艰苦准备工作，而结果是"孤掌之拊，自鸣自和"，势孤力弱，似尚未发动，即被湘潭人尹长民所袭击而溃败。管嗣裘一家老小被害。王夫之在《永历实录》《箨史》中，对此次义举作了正气凛然的实录，并始终坚持"能与仇战，虽败犹荣"的价值观。

衡山举兵失败后，为逃避清兵追捕，顺治五年十月，王夫之与管嗣裘走耒阳，至兴宁，遇欧阳霖，由桂阳度岭，下浈江，至清远，是年冬抵肇庆，希图依附永历政权而有所作为。管嗣裘被授以中书舍人。王夫之则被堵胤锡举荐为翰林院庶吉士，他以父丧辞谢，仅以布衣身份活动于肇庆、桂林等处。

永历朝廷中的岁月

顺治六年（1649）夏，王夫之自桂林归南岳理残书。不久，湘桂战局逆转，明湖广总督何腾蛟兵败被俘，英勇就义，清兵再次攻陷湖南各地。由于王夫之曾参加举兵抗清，当地的汉奸武装图谋将其杀害。王夫之虽然在汉奸武装的突袭中侥幸保住了性命，但家里却被洗劫一空。老母谭太夫人嘱其迅速离衡，乃于同年秋携侄王敉再赴肇庆。先到德庆州，与邹统鲁、管嗣裘同谒湖南巡抚堵胤锡于舟中。复往桂林拜见大学士瞿式耜，瞿式耜再次推荐他参加阁试，但他仍以丧服未满相辞。这时，王夫之虽已看到永历朝廷中奸佞成群，党争不断，危机四伏，但同时也看到，确有不少清正忠贞之士，志在振刷。他所结为知交的瞿式耜、严起恒、金堡、刘湘客、郑古爱、蒙正发、方以智等，都是以名节互相砥砺、誓死不渝的抗清志士。

顺治七年（1650）春，王夫之三十二岁，父丧期满，在桂林与襄阳名士郑仪珂之女结婚，是为此后十年与之生死相依、患难与共的郑孺人。浪迹数年，又有了一个小家，而大局却急剧恶化。清军南攻，陷湖南韶州（现韶关），永历帝逃往广西梧州。王夫之随即奔往梧州，接受行人司行人介子官职，旨在能取得上疏谏诤的机会，他曾自白："此非严光、魏野时也。违母远出，以君为命，死生以之尔！"正如潘宗洛所评论的，此时王夫之"诚知时势已去，独慨然出而图之，奋不顾身，其志亦可悲也已！"从此，投入政争，图挽危局。

其时，永历政权内部纪纲大坏，党争激烈，内阁大学士王化澄、佞幸马吉翔、宦官夏国祥，与梧州总兵陈邦傅内外勾结为"吴党"，贪赃枉法，陷害忠良，将当时志在振刷的金堡等人诬为"五虎"，下锦衣卫狱，密谋置之死地。如此颠倒是非黑白，王夫之为之义愤填膺，抱着力挽狂澜、死生以之的决心，同管嗣裘同去谒见内阁大学士严起恒，痛切陈辞："诸君弃坟墓，捐妻子，从王于刀剑之中，而党人杀之，则志士解体，虽欲效赵氏之亡，明白慷慨，谁与共之者！"又说："国势如此，而作如此事，奈天下后世何！"严起恒起初还犹豫为难，说："吾亦冤之，然无可如何也。"管嗣裘直言："谁秉国钧而令至是？相公不可为此言也！"严起恒被他的话所感动，于是就率领诸臣跪伏在沙滩上，痛哭流涕地向永历帝进言；同时瞿式耜等也"亢疏申理"，永历帝竟不听。后来，由忠贞营主帅高一功、总兵焦琏等出面申救，金堡等人才得以免死。

吴党不甘心失败，转而诬奏严起恒"奸逾严嵩，结虎招权，谋危宗社……罪在不赦"。王夫之"悲愤有怀，不能自戢"，决定挺身而出，进行"死诤"。他先与行人董云骧联名上疏驳斥吴党攻讦严起恒的所谓罪状，肯定"大臣之进退有礼"，支持严起恒的"乞休""高蹈"，以使"迷督经营、争巍竞抚"的官僚们"举朝内愧"而改弦易辙。这篇尖锐讽刺的《陈言疏》激怒了永历帝，斥之为"似讦似嘲，偏激辅臣以去，是何肺肠"！吴党对敢于公开支持严起恒的王夫之怀恨在心，蓄意制造"百梅恶诗案"，利用攸县一狂人写了百梅恶诗，假冒王夫之名写了一篇序。王化澄看了这篇序，认为可以制造文字狱。王夫之"愤激咯血，求解识"，幸赖农民军将领高一功慕义营救，才未遭毒手。

王夫之脱险后，于是年七月偕郑夫人及侄王敉逃往桂林。八月至桂林，受到瞿式耜的热情接待。正值瞿式耜六十寿辰，王夫之作贺诗二首，其一云："千古英雄此赤方，漓江南下正汤汤。情深北阙多艰后，兴寄东皋信美乡。进酒自吹松粒曲，裁诗恰赋芰荷裳。萧森天放湘累客，得倚商歌待羽觞。"诗中以"千古英雄"期许瞿式耜，而自喻为忠而见放的屈原（"湘累客"）。当时虽已明知抗清的军事形势对南明方面很不利，但还未预计到事变来得如此迅速。王夫之住桂林不过一月，清军就兵临城下，王化澄迎降，瞿式耜壮烈殉国。王夫之一家随同难民逃往永福，遇霖雨困于水砦，绝食四日几乎死去。直到次年正月才回到衡州。回家后，方知其母谭太夫人早于去年八月去世，哀恸屡绝。

桂林沦陷后，永历政权逃至贵州，与大西农民军联合。大西农民军由孙可望、李定国率领，退据贵州、云南，联合少数民族，并向四川扩展，兵力渐盛。顺治九年三月，李定国率领大西农民军主力十万、战象五十进行反攻，大败清军于桂林，擒杀降清叛将陈邦傅，清定南王孔有德自焚死。清敬谨亲王尼堪率援，由长沙直扑衡州，被李定国斩于阵，清廷震恐。李定国奋起反攻不到一年，"两蹶名王"，所向披靡，光复西南大片失地。

九月，李定国攻克衡州，专门派人招请王夫之出山，共议兴复。此时好友管嗣裘已在李定国军中，也来劝说。而王夫之则从孙可望诱杀内阁首辅严起恒之事中看出，此人是一个不堪信托的野心家；永历帝名为受孙可望之迎，实际上是为其所挟持，"君见挟，相受害，此岂可托足者哉！"他"不忍就窃柄之魁以受命"，于是就辞谢了李定国的招请。次年又有人来邀他同去永历政权所在之安隆。王夫之经郑重考虑也辞谢了，作《章灵赋》及"注"以见志。事实上，此时的王夫之以其作为一代思想家所具有的特殊敏感性，已决心跳出现实政争的旋涡，转到一个更深广、更复杂的文化思想学术领域，去批判、总结，别开生面，推故致新。在此后的艰苦岁月中，王夫之几乎全身心地投入到这一神圣的工作。

浪迹湘南

王夫之辞谢了李定国招请、与好友管嗣裘等分手之后，仍匿居耶姜山。果如所料，孙可望丧心病狂率军东进，分裂大西军，谋杀李定国；李定国为顾全大局，率部入桂，清军反攻，湖南再陷。顺治十三年（1656），李定国、刘文秀迎永历帝于昆明，拟以云南为基地，遣使与巴东山区的李来亨与海上郑成功相约，准备明年再举反攻，会师南京。孙可望此时竟发动内战，进攻云南，次年大败，可耻地投降了叛将洪承畴。

清军再陷湖南后，为镇压抗清势力，侦缉四出。王夫之曾举兵衡山，又参加过永历政权，自是清政权的侦缉对象，迫使他不得不于顺治十一年（1654）秋离开家乡，逃隐于湘南零陵、常宁、晋宁（宁远）、兴宁（桂阳）一带，过了三年艰苦备尝的流亡生活。王夫之将侄王敉留在王介之处，与妻子郑氏一道先避居零陵北洞的钓竹园、云台山等处；继又移居常宁小祇园的西庄源，"随地托迹"，或寄居荒岩破庙里，或变姓名易衣冠为瑶人，借住在瑶民山洞中，颠沛流离，生活极为艰苦。据王敔学生曾载阳兄弟的记述，王夫之当时"严寒一敝麻衣，一烂袄而已，厨无隔夕之粟……"，靠当地一位隐士王文俨经常接济点粮食为生。流亡中，惊闻曾相依七年的侄子王敉被清兵杀害，更是"悲激之下，时有哀吟"。

王夫之在其流亡中最艰辛的岁月却慨然兴起，实现了人生中最重大的一次思想转折。流寓常宁西庄源时，他已开始以教书为生，"为常宁诸从游者说《春秋》以给晨夕"；次年，又转徙到晋宁山中，借住僧寺，仍为从游者说《春秋》，授徒讲学，已不再谈科举，主要阐扬《春秋》中"夷夏之防"的民族大义。据《同治衡阳县志》记载："湖南久乱，(王夫之)往来永、宝山谷间，茕茕无所复之。父母既前死，介之留乡里亦不得相闻，孑身悲吟，寄食人家，始益刻厉，有述作之志。"

孤独困苦的流亡生活，给他创造了一个潜心思考、静心写作的难得机遇。顺治十二年（1655）在晋宁荒山破庙中，王夫之一面教书糊口，一面拾烂账簿作稿纸，开始撰写《周易外传》，这是他多年来在忧患中研求易理的第一部成果。该书以哲学思辨形式，深刻反映了明清之际复杂的社会矛盾运动以及他"出入于险阻"的个人实际体悟，因而成为王夫之大量论著中最富于时代精神的代表作之一。同年八月，他又写成《老子衍》初稿。这是他对《老子》思想深研细剖的首要成果。王夫之最早的这两部哲学专著标志着他独具慧眼，致力于反刍易学系统与老学系统的辩证思维传统，开始奠定他自己的学术体系和学术路线的基础。顺治十三年三月，王夫之更写成了《黄书》这部深入总结民族败亡的历史和现实教训的政论著作：猛烈抨击"孤秦""陋宋"等君主专制政体，提出"公其心，去其危，尽中区之智力，治轩辕之天下"的政治改革主张。

几年流亡湘南，使王夫之有机会广泛接触社会现实，了解广大劳苦人民的悲惨生活；更使他有机会对当时还滞留在落后生产方式之苗、瑶等族的社会状况，作了较深入的观察。这样的切身感受与实地观察，对他的思想意识及学术观点都产生了极为深远的影响。对湘桂少数民族社会生活的实地考察，使其打破对三代古史的迷信传统，有力地批驳了"泥古过高而菲薄当今"的退化史观，在古史观上开始破旧立新的重大转变。

顺治十三年三月，《黄书》成；五月，次子王敔生。《黄书·后序》云："延首圣明，中邦作辟，行其教，制其辟，以藩扞中区，而终远夷狄，则形质消陨，灵爽亦为之悦怿矣！岁德在丙，火运宣也。斗建为辰，春气全也。文明以应，窃承天也。太原之系，世胄绵也……"此时王夫之的笔下既洋溢着对民族未来复兴的信心，又流露出与郑孺人结婚六年而在流亡中终于得子的悦怿之情。

瓮牖孤灯的归隐时期

《永历实录》之写作

顺治十四年（1657）四月，王夫之结束了三年湘南流亡生活，带着妻子郑氏和未满周岁的幼子王敔，返回到衡岳莲花峰下的续梦庵故居。从顺治五年（1648）起兵衡山，奔驰岭表，匿居耶姜，流亡湘南，经历了近十年的漂泊与坎坷，终于回到衡岳旧居。故家乔木，引起他缅怀先世之情思，遂撰《家世节录》。当此"觏兹鞠凶，国绪如线，家亦以殄"的情况下，仰述家风，颇寓深意。王夫之在续梦庵居留三年。虽有遁居衡岳的戴日焕等来问学，毕竟山居不便，遂于顺治十七年（1660）夏徙居衡阳金兰乡高节里，在茱萸塘筑茅屋，蓬檐竹牖，植木九柱，编箴为壁，名曰败叶庐。这年冬及次年写《落花诗》近一百首。正当此时，夫之遭到极大的悲怆，十年来与他共命相依、同经忧患的爱妻郑氏，竟于顺治十八年（1661）六月病逝，年仅二十九岁。夫之为此写了多首情真意挚的悼亡诗。

王夫之丧偶悼亡之后，更传来永历政权最后溃败的消息。顺治十六年（1659），清军分三路攻入云南，昆明失陷，李定国的部队一再失利，永历帝逃去缅甸；清军攻入缅甸，俘永历帝，康熙元年（1662）春绞杀于昆明，南明亡。听到这一消息，王夫之为之失声痛哭，续作《悲愤诗》一百韵。同时，他又得知李定国刚强不屈，坚持斗争到最后，"愤恚呕血卒"，立志要写下这段可歌可泣的抗清史，为大西军李定国等人立传。三年后又得知李来亨、刘体纯、郝摇旗等领导的大顺农民军在巴东山区艰苦坚持抗清斗争，最后全部壮烈牺牲的情况，至为感佩，悲痛地记下："清兵数万从楚蜀逼诸砦，立垒围困之。……体纯、永忠（郝摇旗）死。来亨粮亦濒绝，……遂举火焚砦，与妻子亲信投火中死。来亨部凡三万余人，就俘执者百五十人而已，余众散入秦蜀山中，不知所终。来亨败没，中原无寸土一民为明者！……"王夫之把早已脱离了南明政权、独立进行抗清斗争的农民军领袖李来亨等认作是自己心目中的"明"的代表，当初痛恨农民军"斥国为贼"，今天却痛感农民军代表了"国"，这是政治感情的巨大变化。

此后不久，他不顾清廷制造"庄廷铖明史案"的威慑，勇敢地写出了一部以人民抗清斗争为主流的当代史——《永历实录》，为高一功、李定国、李过、李来亨等一一列传褒扬。另有为明末抗清志士立传的《箨史》十篇，也可能作于此时。

"六经责我开生面"

自归隐衡阳后，陆续有故旧子弟来问学。如章旷之子章有谟，从游五年；管嗣裘之子管永叙，相从就学，不久夭逝，有诗哀之；还有戴日焕、罗王宣、欧子直、唐克恕、唐端笏、蒙之鸿、王灏等。先后就学门下者有十四人。从此，以讲学著述为务。自返衡后，多次去小云山访刘近鲁。刘为明季诸生，曾就学王朝聘门下，有高阁藏书六千卷，王夫之常去借阅，并曾在刘近鲁家开馆授徒，又与刘结为姻亲，为长子攽娶刘女。这也是王夫之能够归隐著述的一个必要条件。

这一时期，王夫之兄弟曾被人告密，避去湘乡。友人刘若启为之排解，幸未构成大祸，因之结为姻亲，为子敔聘刘氏女。夫之赠诗有"此生相聚太从容，海徙山移梦后逢。急难情深缯缴缓，根株心许茑萝封"句。同时，得读金堡《遣兴诗》，次韵和之百余首，序称"不能寄甘蔗生也，为之凄绝"。诗被辑入《夕堂戏墨》卷之二，语多不可解。

王夫之在岭南结识的好友方以智，南明亡后遁入空门，更名弘智，字无可，别号药地，隐居江西青原山，与王夫之书信往来诗词唱和不绝。方以智一再来书劝逃禅，"情见于词"。夫之有答诗述怀：

洪炉滴水试烹煎，穷措生涯有火传。

哀雁频分弦上怨，冻蜂长惜纸中天。

知恩不浅难忘此，别调相看更鞭然。

旧识五湖霜月好，寒梅春在野塘边。

他感谢方以智的眷顾之情，但人各有志，希望方以"别调相看"。他自有选择，坚信薪尽火传，"寒梅春在野塘边"，民族文化复兴的希望在民间、在未来。王夫之实践自己的信念，在南明亡后短短数年中奋力写成多部著作。

首先，康熙二年（1663）成《尚书引义》初稿，从哲学与政治的关系上，从认识路线及方法上，深刻总结明朝覆亡的思想教训，重点对玄学、佛教、宋明道学诸流派的认识路线进行剖析，是一部阐述其认识理论的哲学专著。接着，康熙四年（1665）他借在刘近鲁家开馆讲学机会，写成了《读四书大全说》十卷，开始对宋明道学深入研究，通过考辨程、朱、陆、王各家异同，就传统哲学中的理气关系、道器关系、心物关系、心理关系、知行关系、理欲关系等的长期争论，进行了批判总结。

康熙八年（1669）夏，王夫之与唐端笏等门人同游吸阁岩，以剖示宋明以来学术源流及朱、陆异同。他除授学外，又抽空相继写成《春秋家说》三卷、《春秋世论》二卷，继而又写成《续春秋左氏传博议》上下卷，对《春秋》《左传》所记史事，给以独立评论，名曰说经，实为引古筹今、评史论政之作。康熙十年（1671）左右，又写成《诗广传》一书，借解诗来表达自己的哲学、美学以及政治、伦理思想。在"短襟自寒，朔风摇釭，岁暮薇枯，饥谁与同"的艰辛条件下，竟完成了如此浩繁的著作，这正是他对自我选择、自觉承担的历史使命感的躬行实践。

康熙八年（1669）冬，王夫之由败叶庐迁往新筑草屋"观生居"，诗有"病畏朔风寒，南窗背岭安"句。而自题观生居堂联：

六经责我开生面，七尺从天乞活埋！

则是郑重宣告：他坚持民族大义宁死不屈！但也不会隐入佛道去自求逍遥，而是为民族复兴投身于传统文化的继往开来、谢故生新的宏大工程。

王夫之与"甲寅之变"

康熙十三年（1674）清廷下令撤三藩。十一月，吴三桂在云南举起"反清复明"旗帜。同时，郑经也在台湾发出反清檄文。次年，吴三桂攻入湖南，下常德、岳州、长沙、衡阳等地。四川巡抚罗森、广西将军孙延龄、襄阳总兵杨东嘉、陕西提督王辅臣也先后响应。耿精忠亦自福建反，攻取江苏、浙江诸州县，郑经率军由台湾入闽浙。原夔东十三家谭洪、彭时亨等复起兵，攻克阳台关。一时四方鼎沸，清廷为之大震。这一历史事件，清朝官方称之为"三藩之乱"，而当时的民间学者则称之为"甲寅之变"。

吴三桂初起兵时，自称"兴明讨虏大将军"，又称"朱三太子"在其军中。这对许多反清志士及一般民众都具有极大的吸引力。王夫之也不例外，吴三桂军攻入湖南后，他已坐不住了，多次出游，首先到湘乡去访问至亲刘若启，有所商议，在《上湘旅兴》诗中，他坦然自陈："山城犹百里，战伐不相知。……回首巴丘北，银涛卷绣旗。"预示着战场已在附近，但他向自己提问："金丹及铁马，吾意定奚从？"

他到湘乡前线来观察形势，就是要为自己在"金丹"（归隐养生）与"铁马"（投笔从戎）二者之间作出抉择。秋，与唐端笏泛舟出游，北上洞庭湖，病寓僧寺。广西将军孙延龄派刘都护来问病。王夫之写诗赠刘都护，又写了一篇《双鹤瑞舞赋》赠孙延龄，赞扬他"光赞兴王，胥匡中夏"，希望他"驱马度朔雪""风行朔漠，翼覆蒸黎"。显然对北向反清的义举，表示支持，寄予厚望。次年，寓居衡阳城北旃檀林，年初又北上洞庭，到了岳阳。二月出游长沙，船泊水绿洲，画家刘思肯为其画小像，赠诗有"逢君剪烛当深夜，奈此干戈满地何""凭君写取千茎雪，犹是先朝未死人"之句。又泊湘阴，追哭章旷，诗有"近筑巴丘新战垒，可能抉目看潮生"句。再渡洞庭，至岳阳，诗有"巴丘战垒春"句，表明亲到前线，看见战垒，表示欣慰。三月，过长沙，返衡阳，章旷次子章有谟自广西来访，同返衡阳，带来不少新闻，故《三月七日所闻》诗有"天涯帝子知谁在，今日生闻喜欲狂"之句，表现出情不自禁的喜悦。他在《长沙旅兴》诗中说"露布星邮飞蜀锦，灵光丝管访骚才"，表明他正在四出通邮，联络志士；又在《江春望落日》诗中表白："纷诡开蓬心，游泳知鱼计。良矣北游智，释兹孤匏系。"

连年北游，开了眼界，表示志愿用世，不甘作"匏系"。

吴三桂攻下衡州时，曾发一道檄文，说："爰卜甲寅之年正月元旦，恭奉太子，祭告天地，敬登大宝，建元周启。"所谓"太子""帝子""龙种"，即当时传说纷纭的明朝"朱三太子"朱慈焕。于是，王夫之积极活动起来，六月与章有谟、李缓山等好友同登衡阳城南回雁峰，诗中有"初见南天一雁回""稍觉江山堪极目"之句。

这时，王夫之与好友蒙正发频繁接触。蒙正发，字圣功，曾与王夫之同仕永历朝，其军事才能被章旷赏识，其政治主张与金堡同调，与夫之节义相许，成为知交。康熙十四年（1675）年初，夫之去江西萍乡访蒙正发，八月又与蒙正发一道去萍乡，在《萍乡中秋同蒙圣功看月》诗中有句："寒枝难拣惊乌树，落叶谁填乌鹊桥？一枕冰魂随故剑，飞光犹涌子胥潮。"《留别圣功》诗又云："兴亡多事天难定，去住皆愁梦未真。宝剑孤鸣惊背珥，画图遥惜老麒麟。"一方面，"宝剑孤鸣"，胥潮汹涌，国恨家仇，烈火中烧；而另一方面，"去住皆愁"，"寒枝难拣"，形势迷离，兴亡难定，深感茫惑。同一时期的其他诗作，也反映了同样犹豫、彷徨的心境。

吴三桂虽以反清复明相号召，但事实上，在军队到达长江流域、攻克岳州时，却既不敢继续北上，又无意恢复明统，幻想"画江自守"。而各地义军，各行其是，不相统属，只能被清军各个击溃。康熙十五年（1676）战局逆转，西北叛清的提督、悍将等又纷纷降清。到康熙十六年（1677），形势急转直下。是年二月耿精忠再降清，导清军入浙江；五月尚之信再降清，迎清军入广州。五月，在清军反攻下，吴三桂终于败走衡州。此时的王夫之，虽不再出山四处奔波，也无法沉静下来潜心撰著，只有将以往的授徒讲义《礼记章句》整理成帙。秋，方以智来访，王夫之为其赠诗，有"秋声不断有蝉吟"句，表达了他对时局变化的失望心境。

康熙十七年（1678）春，吴三桂眼见时局日益不利，"恐四方见轻，情竭势绌，乃思窃帝位自娱，其下亦争劝进"，遂于衡州祀天即位。当吴三桂派幕僚来恳请写《劝进表》时，王夫之当即愤然拒绝说："某本亡国遗臣，所欠一死耳，鼎革以来，久逋于世，今汝安用此不祥之人哉?!"遂逃入深山，作《祓禊赋》以见志："思芳春兮迢遥，谁与娱兮今朝。意不属兮情不生，踌躇兮倚空山而萧清。阒山中兮无人，謇谁将兮望春?"抒发了他对未来的企盼。

吴三桂称帝后一月死。次年二月，清兵攻克衡州。王夫之与章有谟避兵蒸水南岸荒僻的楂林山中，写《庄子通》。直到秋天，才返回湘西草堂。

王夫之返回草堂后，遭到清政府暗探的日夜监视。他在

《斋中守犬铭》中写道"危机之触，接于几席"，以致"中夜不能寐"。他叮咛嘱咐守犬，"有潜窥暗伺于我室者，尚赖其搏噬驱除之而勿迟"。暗探畏猛犬而不敢入室，遂用刀刃将窗棂纸挑破窥视。王夫之愤而作《勘破窗纸者爰书》，对清政府的这种卑劣行径予以嘲弄和痛斥："何物潜窥，似托微踪于草际；竟同叵测，欲施锋刃于窗间。漫尔作无端之孽，讵异贼心；暗中怀有隙之私，非关儿戏。……条条分明，载其狠心怒目；咄咄怪事，恍若戴角披毛。"

清政府一方面靠暗探、特务来强化统治，一方面又玩起了开"博学鸿词科"的笼络政策。康熙十八年（1679）三月，初试博学鸿词科。六月，王夫之《庄子通》定稿，作自序，认为"谓予以庄子之术，祈免于羿之彀中，予亦勿容自解"。这正是对所谓"博学鸿词科"的嘲讽。七八月间，王夫之听到了志同道合的好友蒙正发去世的消息，非常悲痛，作诗悼念，又为之作墓志铭，寄托哀思。

康熙十九年（1680），湖南大旱，随之而来的是次年春天的大饥荒。王夫之以诗句记录了他所目睹的悲惨情景。当时，官府和富绅不肯开仓赈济："大家仓庾皆封闭，悬望开仓如开霁"；饥民们冒着冰雹在山中刨掘蕨根为食："雹如弹丸雨如簌，荷锄空望青山哭"；然而，穷凶极恶的官府及其乡里爪牙仍在逼征赋税："里长如虎下白屋，油盖倚门高坐笑……苍天苍天不相照，孤雏何当脱群鹞？"当王夫之写下这些血泪文字的时候，他的思想感情与苦难深重的民众完全融合在一起了。

绝笔峥嵘

康熙二十年（1681）七月，清军攻占澎湖，进攻台湾；十月，清军彻底荡平了大西南的反清势力。自满族入主，延续四十年的反抗斗争在重重叠叠的血淤中徐徐落幕。冬天，处于悲愤心境中的王夫之开始哮喘。这一年他六十三岁。追念平生知交熊渭公、章旷、瞿式耜、文之勇、夏汝弼、管嗣裘、方以智、蒙正发、南岳僧性翰、雪竹山道士智霈等，作《广哀诗》十九首，编《六十自定稿》。同年，应好友先开上人之请，撰《相宗络索》，对佛教法相宗思想及其范畴体系做了分析诠释，同时吸取禅宗思想以诠释法相宗。另撰有《三藏法师八识规矩论赞》，佚。同时，为门人讲说《庄子》，写《庄子解》，随文申义，与《庄子通》相表里。

佛学与庄学确可起到疗治心灵伤痛的作用，然而，夫之精研佛、道，显然又不是以佛、道为精神寄托。他从佛、道中吸取了丰富的理论思维的营养，借以打破僵化而狭隘的儒学传统的束缚，开拓万古之心胸，而特别心仪于《庄子》"参万岁而一成纯"之命题，策励自己接续和更新中华文化之慧命。而对于佛、道"入垒""袭辎""暴骀""见瑕"的钻研之功，更为他全面总结理论思维的经验教训、在更高的基础上复归"张横渠之正学"、总结并终结宋明道学作了理论准备。

在此后十二年的岁月中，王夫之在湘西草堂潜心著述。康熙二十四年（1685），他在《病起连雨》诗中感叹："白发重梳落万茎，灯花镜影两堪惊。水金丹诀闻方士，土木参膏累友生。故国余魂长缥缈，残灯绝笔尚峥嵘。悬知药力消冰雪，未拟垂杨听早莺。"王夫之衰病暮年，仍顽强地鼓起生活的勇气，依靠峥嵘的笔锋，非凡的毅力，写出了许多光辉的著作。主要有：

于康熙二十一年（1682）十月写成的《噩梦》，署名船山遗老。这是一本重要的政论著作，针对明末以来"时之极弊"的社会现实问题，也包括针对清朝统治者的倒行逆施（如恢复超经济强制的匠籍制度等），提出具体的改革主张，近人每以《噩梦》与《黄书》并举。

《俟解》一卷，于康熙二十三年（1684）初春至秋末于大病之中写成。该书是王夫之针对时弊所写的政治评论与道德修养的笔记。其中，将"参万岁而一成纯"的理论探索落实到化理论为"德性"的人格情操，呼唤拒绝与世俗同流合污的豪杰精神，构成了该书的显著特色。

《张子正蒙注》九卷，康熙二十四年（1685）孟春成书，是王夫之于大病初愈后写成的。该书是王夫之精心撰写的最重要的哲学著作，鲜明地表达了复归张载正学和反对佛、道及宋明道学唯心主义的哲学立场，以对于"气"的范畴的新规定"气—诚—实有"为逻辑起点而论述理气、道器关系，进而展开本体存有、功能流行的"绸缊"诸义及动静、一两、常变诸范畴，阐明以实践为目的的认识论，以"贞生死以尽人道"为归宿。可以说，该书从哲学上总结并终结宋明道学，是具有关键意义的一部著作。

《周易内传》十二卷，《周易内传发例》一卷，写成于康熙二十四年（1685）九月，重订于次年八月。《周易内传》对《周易》一书做了系统解释，补充和发挥了他在《周易外传》中开始形成的朴素唯物辩证法思想体系。《周易内传发例》则总结了他对《周易》长期研究的成果，批判历代解释《周易》的各个唯心主义流派，特别是揭露了邵雍、朱熹等"先儒之说"的谬误，成为他的纲领性哲学论著之一。

《思问录》内外篇，是王夫之经过长期琢磨、晚年定稿的哲学著作。该书精研《易》理，熔铸老庄，宗张载而斥程朱，许多观点与《周易内传》《张子正蒙注》相发明。就其哲学思想的成熟性而论，可大致判定完成于这一时期。又《四书笺解》十一卷，立论与《读四书大全说》《四书训义》

有别，更多地突破朱熹的注解而作独立发挥，亦当完成于此一时期。

《读通鉴论》三十卷，作于康熙二十六年（1687）至三十年（1691）。该书是一部系统的史论著作，就司马光《资治通鉴》所列的历史事件及历史人物，进行分析评论，鉴古知今，评史论政，集中体现了他的"因时宜而论得失""善取资者变通以成乎可久"的治史原则，提出了社会进化论和道德进化论的观点，阐述了理势相成的历史哲学思想和趋时更新的政治思想。

《宋论》十五卷，该书与《读通鉴论》同时定稿，即康熙三十年（1691）四月。该书亦是一部系统的史论著作，通过对宋史的论析而阐发其史学思想和政治经济思想。其中，对"道统论"的批判、对以朱熹为代表的"申韩之儒"的批判，观点更为鲜明。

王夫之于康熙二十八年（1689）四月重订了《尚书引义》一书。此书原作于四十五岁，经过此次修订，其思想光辉更为夺目。在该书中，其对传统哲学的批判总结，特别是在认识论上对己与物、心与事、能与所、知与能、知与行的关系问题，以及在历史观上对理与势、古与今、常与变、天与人的关系问题所展开的理论探索，均已达到朴素唯物辩证法的成熟形态，是标志王夫之晚年哲学定论的一部重要著作。在政治思想方面，该书将对专制主义的批判追溯到周文王"恃一人之耳目以弱天下"，痛驳"以唐虞为弱，以家天下自私者为强"的谬论，是王夫之晚年政治思想发出的最耀眼的光芒。

王夫之晚年久病哮喘，仍奋力撰著。即使"腕不胜砚，指不胜笔，犹时置楮墨于卧榻之旁，力疾而纂注"。《读通鉴论》《宋论》两部巨著的写作，《尚书引义》的重订，就是在这种情况下完成的。夫之衰病垂暮之年的著述还不止以上所举。此外，还有康熙二十四年（1685）所作《楚辞通释》十四卷，二十七年（1688）所作《南窗漫记》，二十八年（1689）所作《识小录》，二十九年（1690）所作《夕堂永日绪论》等。其中，《南窗漫记》和《夕堂永日绪论》都是集中反映其文艺思想的著作。王夫之一生著作，传世的共达九十五种，三百八十余卷；还有佚著计二十六种，尚待访求。

康熙三十年（1691）深秋，王夫之七十三岁，久病喘嗽，体力益衰，从游渐少，而吟诵不辍。一个秋晴的日子，王夫之扶一竹杖，缓步出草堂，依枫马（自栽枫树，根隆曲如马背，至今尚存）而伫立，遥望石船山（山顶一巨石形如覆船，因以得名），回首生平，思绪万千。晚归草堂，慨然伏案，写了一篇《船山记》。文章以石船山上的顽石自况，展示了其穷老荒山而耿介不阿的精神境界，表现了他所执着追求的理想人格中特有的"顽石"之美。

是年冬,衰病日甚的王夫之,还写了最后两首绝笔诗,其一已佚,仅存一首。

荒郊三径绝,亡国一臣孤。

霜雪留双鬓,飘零忆五湖。

差足酬清夜,人间一字无。

这六句诗不仅饱含着穷老荒山的亡国孤臣的哀愤之情,而且充分表白了他的别具个性(不剃发、不应世、力避"身隐名扬",宁可无一字留人间,而自甘索寞)的遗民意识。

当年深秋,他事先亲自写下《自题墓石》一纸,铭曰:"有明遗臣行人王夫之,字而农,葬于此。……自为铭曰:抱刘越石之孤愤,而命无从致;希张横渠之正学,而力不能企。幸全归于兹丘,固衔恤以永世。"铭文言简意赅,可视作王夫之对自己一生的政治抱负和学术活动所作的自我总结。康熙三十一年正月初二(1692年2月18日),王夫之在湘西草堂逝世,葬于衡阳金兰乡大罗山麓。

第 2 章

王夫之的思想

王夫之"抱刘越石之孤愤",却苦于"命无从致",然而他卓越地坚守了一位爱国志士的节操,为民族文化慧命之继往开来,为创造一个反映华夏民族新的人文觉醒的历史文化世界,做了坚持不懈的探索,为我们留下了巨大的思想遗产和精神财富。作为一位经天纬地的思想巨人,他在哲学思想、史学思想、道德伦理思想、政治经济思想、文艺美学思想诸方面,都作出了别开生面的理论贡献,从而在中国思想史上矗立起了一座不朽的丰碑。

哲 学 思 想

哲学是王夫之思想的核心，是他全部学术成就中活的灵魂。王夫之的哲学理性，是要为人类在社会生活各领域中的活动提供一个具有终极意义的合理性依据。在这一意义上，哲学理性是体，而各个具体领域的理论探索则是哲学理性之用。因体以发用，由用以显体，正是王夫之建构其博大精深的思想体系的方法论精髓。

"体用胥有而相胥以实"的本体论

王夫之哲学的本体论，是一种朴素唯物辩证法的本体论。他在哲学本体论上的重要贡献，不仅在于他把物质世界规定为"实有"，从而实现了中国哲学的唯物主义本体论从以物理形态的具体实物（气）为本到物质世界的本质属性（实有）的飞跃；而且在于他别具特色的论证方式，即不仅从"有目所共见，有耳所共闻"的一般反映论的观点来规定"实有"，而且通过"依有""生常"之义和"不能绝物"之义的论证，以人类生活和实践的经验事实去确证实有，从而正确地论证了理气、道器关系，为"尽废古今虚妙之说而反之实"提供了确切可靠的哲学依据。

（1）有无、虚实之辨

在王夫之以前，中国哲学还没有摆脱把"气"规定为物理形态的实物（空气）的观念。张载引证《庄子》，把"气"理解为"生物以息相吹"，理解为春天的原野上犹如"野马"奔腾似的混合着尘埃和气体。直到晚明哲学家王廷相，依然认定"气"是"口可以吸而入，手可以摇而得"的一种具体的物质形态。他们把物质性的"气"作为世界的本原、万物的本体。王夫之的高明之处就在于，他看到了任何物理概念上的具体实物都不能概括世界的本质属性，因而力图从更为纯粹的哲学意义上对物质形态作更高的概括。

王夫之提出了"实有"这一范畴，改造"诚者物之终始"的传统论题，对"气"的范畴作新的哲学规定。他认为"气"的最本质的属性，就是其客观实在性。而一切客观存在的具体事物，都是可以由人"有目所共见，有耳所共闻"的"实有""固有"，是存在于我们的意识之外、又可以为我们的意识所反映的客观实在，这就揭示了物质世界最根本的属性。"诚"不再是道德意义上的"可以欺与伪与之相对"意义上的"诚"，而是一个标志着客观实在的哲学范畴。所谓"气"，不再是庄子和张载的所谓"生物以息相吹"的具体物质，而成为虽然"视不可见，听不可闻"，但确是"物之体"的客观实在，这就使对于物质的抽象超出了物理性的具体实物概念的局限，而将其上升到了表述物质一般的客观实在性的高度，从而实现了中国哲学认识史上的一次飞跃，把哲学认识的水平提到了一个新的高度。

"实有"之所以是一个标志世界的物质统一性和客观实在性的哲学范畴，不仅在于它是对传统哲学的作为万物之本原的"气"的范畴的新规定，而且在于它是从人类的生活与实践中总结出来的对于客观世界中万事万物本质属性最高层次的概括，具有来自人类生活与实践、经过无数世代之验证、确切可靠的经验事实的依据，这就是王夫之反复申说的"体用胥有而相胥以实"说和"依有""生常"之义。王夫之以人类生活与实践的经验事实为立论之依据，展开了他的本体论论证的"依有""生常"之义。

王夫之反复论说："夫可依者有也，至常者生也，皆无妄而不可谓之妄也。"他认为，是自然界为人类提供了赖以生存的基本条件：人依地以行走，依空以居住，依火以御寒，依水以滋润，"以至依粟已饥，依浆已渴"。当然，自然又不可能完全自动地满足人的生存需要，人需要通过"种粟"和"制器"的实践活动来从自然界获得物质生活资料。人在实践中不仅意识到粟依土长、依种而生，浆依水成、依器而挹，而且认识到"以萁种粟粟不生，以块取水水不挹"的道理，认识到"枫无柳枝，栗无枣实"等许多关于自然事物的知识，通过"取用不爽"的经验积累，进而认识到"物物相依"，确认"所依者之足依，无毫发疑似之或欺"的亲身体验的真实性，将这一切上升到哲学认识的高度，就必然得出"可依者有"，即以物质世界为客观存在之"实有"的结论。物质世界的客观实在性不仅在于它可以为人的意识所反映，更在于它能够为人类的生活与实践所确证，这是王夫之超出古今许多哲人的特识！

与"可依者有"的"依有"之义相并列的，是"至常者生"的"生常"之义。"生常"之义也是"实有"范畴的一个重要内涵，是从人类和自然界的生生不息的视角对物质世界的客观实在性的论证。王夫之同样是从人类生活与实践的经验事实来论证自然界的"生常"之义的，并以此证明"物情非妄，皆以生征"。他从自然界"春暄夏炎，秋清冬凛"的气候变化论及植物的"非芽不蕊，非蕊不花，非花不实，非实不芽"的生长过程，又从人类自身的生殖繁衍论及人对自然的依存关系，对生命存在的"实有"作了有力的论证。

基于以上论述，王夫之总结说："夫然，其常而可依者，皆其生而有；其生而有者，非妄而必真。"也就是说，"生而有"是"真"还是"妄"，只有在人类的生活和实践中才能得到确证，而正是"生而为人"的生活和实践对于客观世界的依存关系，证明了以物质世界为"实有"乃是一条"非妄而必真"的客观真理。

从"依有""生常"义合乎逻辑地派生出"不能绝物"义。针对释道之徒鼓吹的"内绝待乎己,外绝待乎物"的观点和程颐弟子尹焞自诩"其心收敛不容一物"的说法,王夫之认为,人必须依靠客观的物质世界才能生存,人对于自己赖以生存的物质世界亦担负着一份责任,鼓吹所谓"绝己绝物",乃是"物我交受其戕贼"而导致"害乃极于天下"的谬说。鼓吹"绝物"者又何尝能做到绝物!"一眠一食,皆与物俱;一动一言,而必依物起",人的衣、食、住、行、言语、道德文章等等,又何尝离得开物!不能绝物而必欲绝之,乃是自相龃龉而实际上根本不可能做到的自困之说。

王夫之还通过对科学上物质不灭原理的揭示,来论证哲学本体论。他认为,物质不灭,即"气—诚—实有"的不灭。天地万物都是自然气化的产物,气聚则形成各种有形可见的事物,事物是气化所凝聚的不同的表现形态。事物有成毁,毁则气散,气散而复归于其作为原初物质的状态,重新参与到天地气化流行之中,故形有成毁、有生死而气无生灭。"生灭者,释氏之陋说也。"

立足于自然科学的物质不灭原理和哲学本体论上的物质存有之不灭的观点,王夫之对朱熹关于人死则其气散尽无余的观点作了严厉的批评。他认为倘若如朱熹所讲的那样,人们就会抱一种不分是非善恶的道德虚无主义的态度,把一切道德担当都看得毫无意义。相反,只有确认物质不灭,肯定那些善尽人道的人即使肉体生命终结了,其正气依然常存于天地之间,才能使人珍视人生的意义,激发其道德担当的勇气。

(2) 理气之辨

精神与物质的关系问题是任何哲学家都无法回避的问题。清醒的哲学理性要求确认精神现象对物质世界的依存性,确认一切精神性的"理"或"道"都是随着人类物质生活的发展而发展的,由此便要求哲学家更具有究天人、通古今的大见识、大智慧,从而为人类的生活与实践提供一种更为切实而又能历久弥新的合理性依据。正是在这一问题上,再一次凸显了王夫之哲学学理的高明,凸显了王夫之哲学思想的反理学性质和启蒙意义。

程朱理学以"天理"为世界之本体,是专制时代政治文化的"君道臣节名教纲常"的形上表述。它不仅不依存于物质世界,而且在物质世界的存在之先,这就把某种具有历史相对性的法则或秩序绝对化、神圣化为完全超验的、具有永恒性的统治秩序。朱熹反复申说"理是本""未有天地之先,毕竟先有此理",纵然大地沉沦、人类绝种,这"理"也还是永恒存在的。他如此神化"理",难怪后期皇权官僚专制主义社会的统治者那么推崇他。

与朱熹关于"宇宙之间，一理而已"的命题针锋相对，王夫之提出"天人之蕴，一气而已""气外更无虚托孤立之理"，所以他坚决否定一切关于"先设之定理""虽未有物，而已有物之理"的谬说，反复申说"理依于气"的道理。他认为理是万物的条理、规则和秩序，而气则是一切事物的本原，所以理亦是气之理。理与气既不可"判然离析"，因而世界上没有无气之理，也没有无理之气。他不同意朱熹关于"理先气后"的说法，认为理与气是同时存在的，无所谓先后。说气是第一，就意味着有无理之气；说理是第一，就意味着有无气之理。这两种说法在事实上是讲不通的，在逻辑上是不严谨的。王夫之有一个在确认世界的物质统一性前提下来论定理气之关系的更为准确的说法，即："理只是以象二仪之妙，气方是二仪之实。"理与气的关系，是物质实有与其存在方式或运动变化之规律的关系，"实"是本体，"妙"是样态，没有本体的样态与没有样态的本体都是不可想象的。

既然"理"只是"气"的条理、秩序和变化规则，那么，寓于物质世界中的"理"也就与物质世界一同生动、丰富和变化不居，与人的生命追求、人类的生活和实践一同活泼、多样、异彩纷呈，即所谓"其得理者理也，其失理者亦何莫非理也"。由此,王夫之得出了以下富于启蒙精神的哲学结论:"气者,理之依也。……天积其健盛之气,故秩叙条理,精密变化而日新。""理本非一成可执之物。"气在变,即理在变,秩序在变;没有永恒不变的世界,亦没有永恒不变的社会秩序。因此,理"非一成可执",理"变化而日新"。这正是王夫之"破块启蒙、灿然皆有"的哲学本体论在理气关系的展开中必然要得出的结论。

(3)道器之辨

在中国古代哲学的本体论中,如何论说"道"与"器"的关系,也是不同学派争论的一个重大问题。宋明以来,关于道器之辨的哲学论说,更具有特殊的重要意义。这种特殊的重要意义,就在于围绕这一问题所展开的不同论说,乃是人类生活与实践中复旧与创新、保守与变革两种不同的倾向在高度抽象化的哲学本体论上的投射或反映。

与程朱理学以道为"生物之本"的观点相对立,王夫之首先鲜明地提出了"天下惟器"的命题,为了论证这一观点,他对《易传》之所谓"形而上者谓之道,形而下者谓之器"的古老命题作出了新的解释,认为所谓形而上、形而下,都是指某一特殊的对象而言,只是由于人们思考和谈论问题的角度不同而给以不同的名称,而不可将其看作截然分离的二物。因此,王夫之强调"上下无殊畛""道器无异体"。进而,从"道器无异体"引申出"天下惟器而已""盈天地之间皆器"的命题。为什么不从"道器无异体"引申出"天下惟道"而引申出"天下惟器"呢?这是因为,只要确认道与器不可分离,确认在具体事物之外不存在一个独立的精神实体,就只能把作为条理规则的"道"看作具体事物的"器"之道。

从形而上下之不可分离、"天下惟器"的物质存有论,合乎逻辑地推导出"有形而后有形而上""道在器中"的关于道器关系的论说。首先是对于"道体"虚构的揭露,王夫之指出:"形而上者,非无形之谓。既有形矣,有形而后有形而上。无形之上,亘古今,通万变,穷天穷地,穷人穷物,皆所未有者也。"他坚决反对玄学和佛教"标离器之名以自神",特别是反对程朱理学的"道先器后"说,强调"形而上者为形之所自生",即形而上之道为形下之器所固有,形而上之道寓于形而下之器之中。

"道"是具体事物之道,是事物所"自生"或固有的,因而器是体,道是用。王夫之以人类生活与实践证明、无可辩驳的大量经验事实来论证这一观点。他说:"无车何乘?无器何贮?故曰体以致用;不贮非器,不乘非车,故曰用以备体。"他更把日常生活与实践的经验事实上升到哲学的高度,确认器体道用的普遍性,指出"道者天之大用所流行，其必由之路也""道者天地精粹之用，与天地并行而未有先后者也"。因此，"道者器之道，器者不可谓之道之器也""尽器则道在其中"。这样，王夫之就从道器关系上正确地回答了具体的物质存有与一般原理、法则、规律的关系问题。

既然"道在器中"，不存在脱离了具体事物而存在的先验之道，那么，所谓道，就只能是依存于人类"尽器"之用的生活与实践之中的道。人类的生活与实践创造了自然界中所没有的新事物，还将创造出既往的社会中所没有的新事物；新事物层出不穷，故曰"道因时而万殊"。人类社会在发展，其道也不是永恒不变的，唐虞之道只能治唐虞之天下，汉唐之道亦只能治汉唐之天下，今日之道只能治今日之天下，而未来之天下则犹待"他年之道"，故曰"今日无他年之道者多矣"。人道是依存于人类具体的历史实践的。既然如此，以"天不变"来论证"道亦不变"又如何能够成立？以脱离了人类生活与实践的虚构的"道之本体"来论证"纲常万古"的教条，又如何能够令人信服？而确认"道"的无限丰富的多样性和趋时而更新的可变性，才是一种使古老的中国社会恢复和保持生机与活力的理论，一种顺应时代进步潮流、洋溢着创造进化之激情的理论，一种将人们从"执一以贼道"的中世纪蒙昧下解放出来的富于启蒙精神的理论。

"天地之化日新"的辩证发展观

王夫之在揭示天地人物的共同本质是物质性的"实有"、对中国古代哲学传统中的气一元论做了新的阐发的基础上，又进一步回答了天地人物的共通规律是怎样的问题，形成了颇为系统的气化流行论或辩证发展观的学说。

（1）"絪缊"诸义

"絪缊"一词，在王夫之的哲学论著中被普遍运用，或用作名词，或用作动词，或用作动名词，等等，其本体存有与功能流行的双重规定也就在这种词性的多样性中展示出来。作为本体论的实体性范畴，它因抽象程度高而显得贫乏，但作为功能论的样态性范畴，它又蕴含着尚待展开的自然演化的全部丰富性。因此，王夫之把"絪缊"作为他辩证发展的气化流行论或自然史观的逻辑起点。

在本体意义上，他把"絪缊"规定为"絪缊太和之真体"或"太和絪缊之实体"，意指阴阳未分、二气合一的宇宙的本原状态。然而，虽然阴阳未分，却已"全具殊质"，两种不同质的物质力量就处于这"太和絪缊之实体"之中。

在功能论上，"絪缊"被规定为"敦化之本"，"必动之几"，意指宇宙万物生生不穷的内在动因。他给"絪缊"下了一个明确的定义："絪缊，二气交相入而包孕以运动之貌。"絪缊之本体中固有的阴阳二气，因"体同而用异则相感而动"，由此而相感相交，相摩相荡，成为自然界自成其条理、变化而日新的内在动因。

"絪缊"所含摄的本体存有、功能流行二义，展开为"一阴一阳之谓道"的无限的气化运动。含蕴阴阳的絪缊本体，既是"物之所众著"，即任何"有可见之实"的事物都是"絪缊"本体之所化生，又是"物之所共由"，即任何"有可循之恒"的事物都遵循着"絪缊"本体流行的自然法则。絪缊流行的动力和源泉就在于其内部，在于它自身所包含的阴阳二气的"相感而动"。而盈天地间，无非絪缊，即无非阴阳，所以王夫之对"宋儒家中《太极图》"发出质问："夫谁留余地以授之虚而使游，谁复为大圆者以函之而转之乎？"这一强有力的质问，乃是后来戴东原"发狂打破宋儒家中《太极图》"的先声。

（2）动静观

由本体存有、功能流行的"絪缊"说，可知运动是存有本体"絪缊"的存在方式，由此便导出王夫之的以主动论为根本特征的动静观。这是对两千多年来与"不动的"社会基本结构相适应的"主静"论哲学思想的根本否定。

王夫之认为，运动是"絪缊"本体的存在方式，因而是绝对的、根本的，而静止则是相对的、依存的。王夫之强调

"太虚者，本动者也。动以入动，不息不滞""天地之气恒生于动而不生于静"。他把运动分为两种形态；一种是动态的动，即"动之动"；一种是静态的动，即"静之动"。天下不存在"废然无动"的所谓"静"，相对静止不过是运动的特殊表现形式："静者静动，非不动也。""真静应知动不销。"他认为自然界是一个永恒的自我运动着的物质过程，阴阳动静是太极"固有之蕴"，静即含动，动不舍静，"动静互涵，以为万变之宗"。由此，他批判了传统形而上学的静止观，认定"静由动得"而"动不藉于静"；确认事物永恒运动的绝对性，而静止只具有相对的意义。当然，王夫之并不否认相对静止的意义和作用。他认为相对的静止，是"物我万象"得以形成的必要条件。不承认相对静止，就不能理解统一的物质世界的各种具体事物及其运动形式的多样性。

宋明理学从"寂然不动"的本体论中引申出"主静"的人生观，而王夫之则从"太虚本动"的本体论中引申出"主动"的人生观。他坚决反对脱离实践来讲道德修养，也反对以道德为借口来"禁天下之动"。他认为主静的道德修养方法只能造就"蚓之结而鳖之缩者"，而不可能造就真正的仁人君子。他驳斥"吉凶悔吝生于动"的说法，认为按照这一逻辑，非要使人沦为"死之不动"的无生物不止。对于所谓

"致虚极，守静笃"之说，他尖锐地讽刺道："呜呼！勿忧其无冥冥之日也。死则亦与块土同归，动不生而吉凶悔吝之终离，则虚极静笃，亦长年永日而宴安矣。"在王夫之看来，所谓"致虚极，守静笃"的道德修养，其实不过是充斥着避祸畏难之私的"畏葸偷安"之道、"死之不动"之道。

与禁动主静论相对立，王夫之首先从社会生活的视角强调了"与其专言静也，无宁言动"的必要性。他说人类要生存和发展，不能不动。物质生活资料的获得，个人志向的实现，都要靠动；不仅要动，而且要勤。农民不勤，就会贻误农时；其他各业的人们不勤，就会失去很多的机遇。时，机遇，都是为勤者所准备的。没有"动"，连基本的生存问题都不能解决，又岂能安然从事于"静"？他并不否认"静"的意义，但他强调，要像诸葛孔明那样地"勤以动"，方能言"宁静可以致远"。他扬弃"主静"论的思想，把它改造成为一种"因时而动"的理论，提出："主静，以言乎其时也。"反对社会生活中的违反客观规律、先时以动、盲动躁进、揠苗助长的错误。

其次，他针对主静论的"畏葸偷安"的人生观，鲜明地提出了君子是不计个人利害而正道直行、勇于实践的人的观点。他说君子在顺境中，可以行道；在逆境中，可以见义。以超功利的态度去践履道德，"不知进退存亡"，而德乃备；在民族保卫战争中，"不惮玄黄之血"，而功可成。因此，他大力主张："天下日动而君子日生，天下日生而君子日动。"他认为，只有社会实践才能造就真正的仁人君子，而人的道德品格亦只有在社会实践中才能得以逐步完善。

（3）化变观

王夫之认为，絪缊化生的过程，就是"天地之化日新"的过程。所谓"化生"或"化变"，就是生死更迭、新故相代。任何自然过程，都有旧事物在"屈而消"，新事物在"伸而息"："守其故物而不能日新，虽其未消，亦槁而死。"

在絪缊化生的过程中，新旧因素此消彼长，旧的因素日渐消亡，而新的因素则在不断地生长，"推移吐纳，妙于不静"。遂导致"荣枯代谢而弥见其新"，使自然界总是处于不断的自我更新之中。因此，王夫之把新陈代谢看作宇宙的根本法则。他认为从天上的日月风雷，到地上的江河湖泊和人身的爪发肌肉，都无时无刻不在变化更新，从来没有什么永恒不变的事物。他说："天地之化日新。今日之风雷非昨日之风雷，是以知今日之日月非昨日之日月也。""江河之水，今犹古也，而非今水之即古水。……爪发之日生而旧者消也，人所知也。肌肉之日生而旧者消也，人所未知也。人见形之不变而不知其质之已迁，则疑今兹之日月为邃古之日月，今兹之肌肉为初生之肌肉，恶足以语日新之化哉！"

053

他把日新之化概括为两种类型,即量的积累和质的更新。事物在现质基础上的量的变化,他称之为"内成",并指出其特点是"通而自成"。这时事物的内容虽也不断更新,事物的质也时时有微小的变化,但未发生根本质变而保持着其原有的性状和规律。"质日代而形如一","日新而不爽其故"。如大自然中的日月、江河,如人体,每天都在新陈代谢,但在一定的条件下都保持着原有的"规模仪象";又如生物的生长发育,从胚胎、流荡、灌注到衰减的过程,都是生命体内部量的逐渐变化的过程。这种"变必通""通而自成"的变化,是事物的自我更新。

事物超出某种规定性范围而发生的质变,他称之为"外生",并指出其特点是"变而生彼"。这时,旧事物从内容到形式都发生了根本质变,从而由旧的形体变为新的形体,由此物变为彼物,这是"推故而别致其新"的飞跃。这种"变而生彼"的变化,是一种"谢故以生新"的进化运动。事物通过"变必通""通而自成"和"穷必变""变而生彼"的变化更新,造成了一个充满生机与活力的自然世界。

当然,王夫之之所以大讲穷必变、变必通,阐发"天地之化日新"的思想,一方面固然是为了揭示宇宙生成、发展和变化的规律;但另一方面,也是更重要的方面,是为了从客观存在的宇宙规律中探寻人类生活和实践的合理性依据。他看到，正是由于事物不断地推故致新，整个宇宙才充满生气。因此，"善体天地之化"的人们也应当尊重宇宙规律，倘"守其故物而不能日新"，就会枯槁而死；如果能够自我更新，"则吾今日未有明日之吾而能有明日之吾者，不远矣"。他呼唤着新的"自我"（明日之吾）的诞生！

（4）生死观

王夫之从"絪缊化生"的气化流行论中合乎逻辑地引申出生生不息的生命运动乃是自然史和人类史的本质的观点，强调尊生、珍生；同时又以"推故而别致其新"的进化观点来看待生命运动的死生更迭，揭示了生与死的辩证法。

在王夫之看来，总的宇宙生命是无始无终、不生不灭的，而具体事物的生命过程则是有始有终、有生有死的。他把个体的生命过程划分为五个阶段：胚胎、流荡、灌注、衰减、散灭。前三个阶段，生命体处于同化中的生长过程；后两个阶段，则处于异化中的衰亡过程。但就在"衰减之穷"到最后"散灭"的过程中，已经孕育着"推故而别致其新"的契机，开始了另一个新的生命过程。他强调："由致新而言之，而死亦生之大造矣！"旧事物的死亡，也正是新事物诞生的伟大开端，即死中有生。从另一个侧面看，"新故密移，则死亦非顿然而尽"，即生中有死。但就其发展的总趋势而言，生命运动是永恒的、无穷的，是不可固定、不可阻止的。

王夫之认为，人珍生而不患生，哀死而不患死。正因为人珍生，所以才有对于死亡的悲哀，这种悲哀表现了"人所以绍天地之生理而依依不舍于其常者也"。但王夫之强调，人哀死而不患死，"哀者必真，而患者必妄"。他认为人固然应当正视死亡，然而正视死亡正是为了更好地珍生："因昔之哀，生今之乐，则天下之生，日就于繁富矣。"

（5）两一观

所谓两一观，也就是关于事物的内在矛盾的学说。王夫之认为事物运动变化的动因在于事物的内在矛盾："缊之中，阴阳具足，而变易以出。"从而由"缊"所蕴含的动因义展开了他的矛盾观。

首先，他以"乾坤并建"，认为"阴阳不孤行于天地之间"，任何事物都是"合两端于一体"，肯定了矛盾的普遍性和绝对性，并且对事物内部"两端"的特点和相互关系做了深入分析。他抛弃了《周易》八卦以乾为首的观点，认为乾与坤、阴与阳是对立的双方，没有先后之分。矛盾的双方，任何一方都不能脱离另一方而独立存在。阴阳作为事物矛盾性的抽象，存在于一切事物之中，没有矛盾就没有一切。他认为"天下之变万，而要归于两端"，正是由于"两端"即矛盾的客观存在，才引起了事物的发展变化。

其次，他在张载"一两"学说的基础上，进一步规定了任何统一体中矛盾着的对立面之间的二重关系，即"分一为二"的关系与"合二以一"的关系。他认为这二重关系不可割裂，"合二为一者，既分一为二之所固有"，"非有一，则无两"。所以，他比较强调矛盾的同一性的意义和作用，重在研究对立着的事物"相因非相反""相承而无不可通"的关系。他举例说，呼和吸是一对矛盾，可是"呼之必有吸，吸之必有呼，统一气而互为息，相因而非反也"。把对立的双方看作"截然分疆而不相出入"，是完全违反客观实际的。

由于矛盾的双方有其"两端生于一致"的同一性，所以他认为，不管对立的双方在一定的条件下如何互相排斥、此消彼长，然而终究是"反者有不反者存"。由于相反者之间有不相反的同一性，所以"君子乐观其反"。他认为人在客观事物的矛盾面前并不是无所作为的，人可以从差别、矛盾、对立中认识和把握同一，从而正视客观矛盾，并发挥正确处理和调节矛盾的主观能动性：善于从"殊流"中看到共同的源头，从"众响"中听到和谐的乐章，从而"乐观而利用之"。

王夫之还阐述了对立的双方无不在一定的条件下相互转化的原理，认为"阴阳有定性而无定质"，阴可以在一定的条件下转化为阳，阳亦可以在一定的条件下转化为阴。他根本否认有所谓"截然分析而必相对待之物",指出:"天下有截然分析而必相对待之物乎?求之于天地,无有此也;求之于万物,无有此也;反而求之于心,抑未谂其必然也。"矛盾着的对立面,无不相互转化,尊与卑、上与下、存与亡、是与非,都是可以相互转化的,没有一成不变的定局。

他认为矛盾着的双方相互斗争,是客观固有的必然现象。阴阳相薄而出现的风雷变局,虽不可预期,却可以认识。人应该在对立和斗争中把握同一,在同一中看到对立和斗争,并且要以"乐观其反"的态度而"不畏其争"。他用矛盾的对立面相互斗争的观点来解释社会现象,认为豪强兼并之家与流离失所的民众是尖锐对立的两极,"货积于上而怨流于下""民安得不饥寒而攘臂以起哉!"社会生活中发生激烈的斗争,也并非完全是坏事,可能会引出好的结果:"势极于不可止,必大反而后能有所定。……否之已极,消之不得也,倾之而后喜。"对立面的斗争,促成矛盾的转化,事物也就由"否"变"喜"。这是王夫之哲学思想中迸发出的最激进的思想火花。

王夫之还认识到,不能把矛盾的斗争性夸大到不适当的地步。肯定"雷风相薄",但自然界并不是每日每时都存在"雷风相薄"。所以他说:"薄者,其不常矣。"他对物极必反的原则做了新的解释,认为并不是任何时候都要"极而后反"。他承认"雷风相薄"的状态,但希望保持一种"相因非相反""相承而无不可通"的正常状态。这种思想,同他那尽可能避免激烈的社会震荡的温和改革派立场相一致。

(6) 常变观

在王夫之哲学中,矛盾的同一性往往与事物的常住性相联系,而矛盾的斗争性则往往与事物的变动性相联系。因此,王夫之在对事物的内在矛盾、矛盾的对立面的相互关系做了深入分析,揭示事物运动变化的源泉的基础上,又进一步展开了对"常"与"变"这对范畴的研讨,来揭示事物的常住性与变动性、事物发展过程中的必然性与偶然性等的相互关系。

王夫之认为,首先,任何事物都是常住性和变动性的统一。他说,宇宙万物既有其常住性,又处于日新变化之中。有常,故"形如一";有变,故"质日代"。这里所说的常住性与变动性的统一,大致相当于王夫之在论"天地之化日新"时所说的"内成,通而自成",即事物在其内在矛盾的消长中自我更新,所以他强调"象至常而无穷,数极变而有定"。

其次,"常"是指事物变化的客观规律,是事物发展过程中一定要贯彻下去的趋势,即必然性;"变"则是指事物发展变化过程中出现的偶然性;必然之常就在偶然之变中,因此，事物发展过程中的常与变的统一也就表现为必然性与偶然性的统一。王夫之以气候的寒暑变迁和人由少至老为例，来说明必然性是通过偶然性而表现出来的。由寒而暑，由暑至寒，虽然总的趋势是确定的，但未必由寒至暑就是气温一天比一天热，由暑而寒也未必就是气温一天比一天冷，至于其中的风雨阴晴，更带有极大的偶然性，不可能"刻期不爽"。人生由少而老是必然的，但形神之衰旺，血气之消长，亦不可"刻期而数"，旺之中可能有偶衰，衰之后未必就不可再旺，这些也都带有极大的偶然性。总之，反映客观必然性的"常"只有通过无穷无尽的偶然性的"变"才能得以贯彻，偶然性体现着必然性。

再次，王夫之认为，事物的内在矛盾运动导致变化即是"常"，以发展变化的观点去看事物即是"常"。他说"道所必动"，变就是道，就是"常"；从这一意义上说，不动、不变才是反常的。因此，"动者乘变以为常，锐而处先"，正是事物发展变化的常态，是宇宙间代表刚健、有为、积极、光明的物质力量的本质属性。这是与他主动论的动静观相一致的。当然，他又提出了防止非常之变的问题，认为"变而不失其常之谓常，变而失其常，非常矣"。这里的"非常"之变，不是讲偶然性，而是指人不能"执两用中"所造成的变局；与此相应，所谓"常"，则是指人类实践的理性法则。

王夫之认为，认识常变关系的目的，在于把握事物发展变化的普遍法则和客观必然性，"蹈常处变"，能动地改造世界。他认为只有把握了事物变化的客观必然性，在事物发生反常的变化时，才不致惊惶失措，"动不以非常为怪"；这样才能"优游于变化之至"，即认识必然，从容对待变局。

（7）时空观

一切事物的发展变化都是在时间和空间中进行的，时间和空间是运动着的物质的存在方式，物质存有及其运动和发展的无限性决定了时间和空间的无限性。用王夫之的哲学术语来说，就是宇宙是"絪缊"的存在方式，"絪缊"存有和流行的无限性即宇宙的无限性。

"宇宙"，即空间与时间，而空间与时间同物质实有的存在和发展变化是不可分的。王夫之指出："上天下地曰宇，往古来今曰宙。……宇宙者，积而成乎久大者也。二气絪缊，知能不舍，故成乎久大。"他认为，如果说空间是有限的，那就意味着空间就像是一个莫名究竟的巨大物体中的空洞，这是不可思议的。如果说时间是有限的，那就意味着时间有始有终，然而，在时间开始以前，难道就没有时间吗？时间既没有所谓开始，那么，难道是可以终结的吗？在王夫之看来，"絪缊而化生"所标志的物质存在及其发展，既是内部矛盾蓬勃展开的自己运动，当然也就没有什么起点和终点；时间的每一瞬间，都既可以作为起点，也可以作为终点："天地之始，天地之终，一而已矣。"宇宙由"絪缊"而"积而成乎久大"，时间和空间的无限性依存于物质存在的广延性和物质存在的持续性。

王夫之论时空的无限性，为的是建立一种奋发有为的人生观，以指导人类的生活和实践。天地无始无终，如果一定要找一个起点的话，那么，每一天都可以说是它的起点，太阳每天都是新的！每一天都是天地的起始，那么，每一天也都是人类"以人造天"的新的实践活动的起始。如果一定要给天地找一个终点的话，那么，每一天也都可以说是它的终点，昨天的日月非今天之日月，今天之日月非明天的日月，旧的一切在今天都将宣告终结，而新的天地将在明天诞生。所以，王夫之说："未生之天地，今日是也；已生之天地，今日是也。惟其日生，故前无不生，后无不至。"天地万物处于"日生"的过程之中，过去和未来都包含在不断发展的"今日"之中；今天既是昨天及无穷过去的终点，又是明天及无穷未来的起点。过去的已经过去，未来的尚未到来，因此，人唯一能够真正把握的，就是现在，就是"今日"。

"知之尽，则实践之"的认识论

王夫之不仅以其"气一实有"的本体论与程朱理学的"理本论"和陆王心学的"心本论"划清了界限，而且在认识论上扬弃程朱陆王，深刻地阐述了人的认识和实践的主体性原则、主观和客观的关系、真理的具体性和关于认识发展的辩证过程的观点，把中国哲学的理论思维提到了一个更高的水平。

（1）人的类特性："合知能而载之一心"

王夫之的认识论不是以程朱先验的"天理"为认识对象，也不是以陆王的天赋德性的"心"为认识对象，而是以"实有"的物质世界为认识对象。尽管认知仍与德性相联系，但却开始改变以认识论为伦理学之附庸的状况，凸显了人作为认知主体的地位。认知的对象既是"实有"的物质世界，而一切认知亦只能是人的认知，于是对人的认知能力与实践能力的探讨也就成为认识论的首要问题。王夫之的认识论，正是从探讨人的认识能力和实践能力开始，通过对"合知能而载之一心"的人的类特性的论说，阐明并确立了人的认识的主体性原则。

王夫之认为，认识乃是人与客观外物交互作用的过程。"人者动物，得天之最秀者也，其体愈灵，其用愈广。"人与狭义动物界的区别，就在于他作为自然进化的最高产物，具有能动地认识和统摄外部世界及其规律的能力。"人之有性，函之于心而感物以通，象著而数陈，名立而义起，习其故而心喻之。形也，神也，物也，三相遇而知觉乃发。"人的感官在思维活动的参与下和客观对象"相遇"而产生感觉、知觉和表象，经过多次反复，把感性认识条理化，通过"立名""起义""习故"，即由概念、判断而推理，发挥"心"的统摄能力而达于对事物的理性认识。

他认为作为认识主体的人的特殊性能、人的类特性，就是"知"与"能"。"知"是人潜在的认识能力，"能"是人潜在的实践能力，二者皆统摄于作为认识主体的人的"心"中。他说："人者，合知能而载之一心也。""知至于尽器，能至于践形，德盛矣哉！"人通过认识的能动性的发挥，不断加深对客体的认识，直到"尽器"；"能"这种能动性的发挥，促使人们去躬行实践，不断提高主体的实践能力。认识的能动性与实践的能动性的发挥没有先后之分，只有把人的"知"与"能"这两种潜在能力同时发挥出来，才能成就大业，实现目的。

王夫之把"制器""尽器"看作潜在形态的认识能力和实践能力向现实性转化的重要途径。他认为，人类生活和实践所使用的器物并不是自然生成的，自然界只是为人提供了制造器物的质料,而要把天然的质料制作成可以为人所利用的器物,则必须发挥人的实践的能动性,这种制造器物的活动,乃是"人事之究竟"。通过制器的生产活动,既发挥了人的实践潜能,也发挥了人的认识潜能,从而可以达到"尽器"的目的。注重人类"制器"的能动性的发挥,是王夫之把认识论从伦理学的束缚下初步独立出来的一个重要特征。

（2）认识的对象："理一分殊"的新解释

使认识论摆脱其作为伦理学之附庸的地位,不仅表现在"合知能而载之一心"的人的认知主体性的凸显,更重要的是表现在认识对象的确定上。王夫之力图使认识论突破伦理学的藩篱,以整个自然界、人类社会和思维的规律为认识的对象。

王夫之首先区分了"理"的两层意义。他说："凡言理者有二：一则天地万物已然之条理,一则健顺五常、天以命人而人受为性之至理。"区分"理"的两个层次在认识论上具有重要的意义,即不仅以人类社会的道德伦理为认识的对象,而且要以"天地万物已然之条理"作为认识的对象；不能像宋儒那样把万物之理都看作唯一的"天理"的显现,不能把所有的理都看作具有道德伦理意义,相反,大量存在的正是不具有道德意义的"天地万物已然之条理"。

正因为"天地万物已然之条理"和人类社会的兴亡治乱

之理皆非宋儒之纲常名教的"天理"所能包举和涵盖，所以王夫之坚决反对宋儒"立理以限事"和佛道"万变而不出吾之宗"的谬说，他说："有即事以穷理，无立理以限事。"立一理以概天下而自称万变不出吾之宗，是虚骄的夸大狂的谬说。他不休不倦地责问道："天之有日月风雨也，吾其能为日月风雨乎？地之有草木金石也，吾其能为草木金石乎？物之有虫鱼鸟兽也，吾其能为虫鱼鸟兽乎？"他认为，自然界的万事万物都有其特殊的结构和运行规则，如果说自然万物都遵循着天地气化的辩证运动的普遍规律的话，这是可以说得过去的；但如果说这一普遍规律就已说明了自然万物的结构、条理和运行规则，那就是狂妄至极的"天下之至诞者"。

立足于对"理"的概念的分疏和对宋儒"立理以限事"的批判，王夫之对程朱的"理一分殊"说作了根本的改造和重新诠释，强调认识"分殊"之理的重要性和必要性。"'分'者，理之分也。迨其分殊，而理岂复一哉！"他认为，天、地、人、物虽然皆为一气所化生，然而却有不同的特性；其性质不同，理亦不同。他广泛运用关于自然和社会的知识，驳斥了程朱关于"一物之中莫不有万物之理"的谬论，指出附子无大黄之理，虎狼无虾蚓之理，龟鹤无菌耳之理，犬牛无尧舜之理，周孔无豺虎之理，说明动物之理不同于植物之理，低级动物之理不同于高级动物之理，自然之理不同于人类社会之理，说明分殊之理的无限多样性。他认为程朱之所谓"一物之中莫不有万物之理"之说违反了人类生活和实践的最基本的经验事实，"窒塞乖剌"，堵塞了人类认识发展的道路。

基于以上对"分殊"之理的阐述，王夫之对研究自然事物的新兴"质测之学"表现了高度的重视。他接受方以智把研究自然事物的学问称为"质测"之学的说法，用"质测"来诠释"格物"，提倡对新兴质测之学的研究。他说："密翁（方以智）与其公子（方中通）为质测之学，诚学思兼致之实功。盖格物者，即物以穷理，惟质测为得之。"这体现了王夫之对于自然科学的重视。

从以纲常名教的天理为唯一的认识对象到把"天地万物已然之条理"也作为认识的对象，从天理的"理一分殊"到注重考察各不相同的分殊之理，从"立一理以穷物"的先天象数学到讲求以"质测"为格物的新兴质测之学，是王夫之对哲学认识论的重大贡献。它标志着传统哲学认识论在认识对象上已经开始有所转变和突破，是中国哲学认识论从伦理学之附庸向具有相对独立性的关于认识发展规律之理论转变的重要标志。

（3）认识的开端：己物、能所之辨

王夫之看到，只有当人们将认识主体从客观存在中分化、独立出来，把主观与客观、主体与客体即"己"与"物"分开并对置起来的时候，才真正开始了现实的认识活动。认识由潜在的变为现实的，第一对范畴就是互为"对设之词"的"己"与"物"。

他认为主体的认识活动，大体分为视、听、言、动四个方面。其中，建立在视听和思虑基础之上的言与动是"己之加人者"，能动性和主动权比较大。视与听则是"已与物相缘者"，是基础的然而又是粗浅的认识活动，主动权受到一些客观条件的限制。如果说目见是"由己由人之相半"的话，那么耳闻则完全是"由人"。当然，这并不是说在视听方面"己"只有被动性而毫无控制权。相反，在目与物交的过程中"己欲交而后交，则己固有权矣"。他举例说，有物从面前经过，如果你不去注意它，也就像没有看见一样。也就是说，在认识过程中，不仅要有"物之来"，而且要有"心之往"。否则，纵然是锦绮之炫煌，西施、王嫱之冶丽，也只是与自己的认知毫不相干的事物而已。在这里，王夫之既坚持了反映论原则，又注意到倘若抹杀了主体的能动性，就不会有最起码的认识活动。

王夫之还利用、改造了佛教哲学的"能""所"范畴，对认识活动中的主体和客体、主观认识能力和客观认识对象，给以明确的规定和区分。他肯定佛学对"能""所"的区分，但对佛教把所知对象看作能知主体表现的作用或产生的幻境这一根本颠倒事实的理论，则给予了唯物主义的批判改造。他指出，必须分清"所不在内"和"能不在外"，前者是心所反映的外部客观世界，后者是人本身的反映能力，二者不容混淆。又必须肯定"所"和"能"都是实有的，"所"必须实有其体，才能作为认识的对象；"能"必须实有其用，才能发挥认识的功能。至于"能"和"所"的关系，一方面，尽管客体要接受主观的作用才成为认识对象，但主观认识毕竟是由客观对象的引发而产生的，因而客观是第一性的；另一方面，尽管认识活动要主观作用于客观，但正确的认识总必须与客观对象相符合，因而主观只是客观的副本。这就抓住了认识论的核心问题，表述了唯物主义反映论的基本原则。

（4）"尽器则道无不贯"

在王夫之的哲学认识论中，"道"是关于"器"（某一具体事物）的片面真理，是抽象分析的结论；"德"则是对于"器"的全面、完整的认识，是综合的成果。"道"与"德"这一对范畴，在王夫之认识论的范畴体系中具有特殊的地位，是王夫之的本体论和辩证发展观中的道器理论在其认识论思想中的升华和结晶。

王夫之的认识论中有一个"尽器—贯道—入德"的公

式。他认为，认识过程中由"尽器"到"贯道"，由"尽道"而"审器"的循环往复，就是由感性的具体，经过知性的抽象，回复到理性的具体的反复过程，也即由"器"到"道"的分析与由"道"到"德"的综合不断演进、无穷深化的过程。在这个过程中，王夫之强调的一是"尽器"，二是"入德"。他抓住了前后两种"具体"，反对满足于"附托于道而不知德"（普遍原则的认识），认为单是"勇于道，则道为天下病矣"。这表明他十分注重真理的全面性和具体性。

除了"道"与"德"这对范畴之外，王夫之还利用和改造了格物与致知、博文与约礼、多学与一贯等传统范畴，论证了它们之间的辩证联结，接触到了认识中的个别、特殊与普遍的辩证法，以及归纳与演绎的"两端而一致"。所谓博文和多学，就是充分认识和掌握客观事物的多样性、差别性、特殊性；所谓约礼和一贯，就是由多到一、由异到同、由特殊到普遍的归纳；所谓"一以贯万""约以统详"，就是由全到分，由同到异，由普遍到特殊的演绎。知识日益丰富，思想日益深刻，"学愈博而思愈远"，"日新有得"而永无止境。

在宋明道学中，程朱理学以格物为宗，强调"道问学"；陆王心学以致知为宗，强调"尊德性"；但无论是格物还是致知，都是道德伦理意义上的。而王夫之所要认识的"理"，则是包括新兴质测之学在内的"理"，在认识对象上与宋明道学有很大的不同，所以他强调格物与致知二者相济的认识方法。前者是"博取之象数，远证之古今，以求尽乎理"，这里的"理"是"天地万物已然之条理"，是各种具体的或专门的知识；后者则是"虚以生其明，思以穷其隐"，即是从各种具体的知识和学问中总结概括出具有普遍性或规律性的东西。王夫之肯定两种思路各有其合理性，同时又强调二者相互补充、彼此扶植的必要性：他认为离开致知去格物，就会被表面现象及其变化形态所迷惑，无法把握其内在规律，堕入玩物而丧志的歧途；离开格物去致知，就会使认识脱离对客观对象的作用，流于"荡智以入邪"的空洞冥思。这是针对朱门后学堕入训诂末流和陆王心学堕入游谈无根的流弊而言。

但王夫之更偏重于"思以穷其隐"的思路，所以他更强调"心"（思维）的作用。他说："大抵格物之功，心官与耳目均用，学问为主，而思辨辅之，所思所辨者皆其所学问之事。致知之功则唯在心官，思辨为主，而学问辅之……非耳目全操心之权而心可废也。朱门诸子，惟不知此，反贻鹅湖之笑。"在这段论述中，王夫之明显地表现出他的思路与朱熹背辙而接近于陆王的倾向。南宋淳熙二年（1175）初夏，吕祖谦约朱熹与陆九龄、陆九渊兄弟会于信州鹅湖寺（今江西铅山境内），共同讨论道问学与尊德性的关系问题。朱熹主张"泛观博览而后归之约"，而陆氏兄弟则主张"先发明人之本心，而后使之博览"。当朱熹与陆九龄正在辩论时，陆九渊念了他在赴鹅湖路上写的一首诗，念到"易简工夫终久大，支离事业竟浮沉"两句时，朱熹为之变色，这就是王夫之所说的朱熹不知"致知之功则惟在心官"，因而"反贻鹅湖之笑"的由来。

王夫之主张把格物与致知二者结合起来，充分发挥"即物以穷理"的"学思兼致之实功"，不断发展人的认识能力，积累经验上升到理论。这样，尽管"天下之物无涯，吾之格之也有涯，吾之所知者有量"，然而，"及其致之也"，可以"不复拘于量"；尽管"知有其不知者存"，然而，通过不断探索的格物穷理功夫，就可以不断地扩大我们的知识面，不断地由现象进入本质，由低一级本质进入高一级本质。

（5）关于知行关系的系统理论

"知行"范畴是王夫之认识论的重心。在知行关系的问题上，他扬弃了陆王及其门人与朱熹及其后学激烈论争的思想成果，作出了前无古人的贡献。其要点，一是明确肯定了行在认识过程中的地位，得出了"行可兼知"的重要结论；二是深刻阐述了人的认识在知行"并进而有功"的运动中

"日进于高明而不穷"的思想。

宋明道学家在知行问题上聚讼不已。陆王心学派主张"知行合一","知不先,行不后";程朱理学反对"知行合一"而提出"知先行后"说,如后人嘲讽的是"先在家闭门格物,再出门应事"。王夫之表示赞成陆王的"知不先,行不后"之说,认为其失误在于以一念所动处即为行,表面上重视行,实际上是以不行为行。他认为程朱理学的"知先行后"说,在"销行以归知"方面,"与陆、杨之徒异尚而同归"。

他十分鲜明地主张行重于知。他认为,首先,知源于行。客观事物及其规律都是可以认识的,之所以暂时还不能认识,原因在于不能行之。其次,知必须"以行为功"。他以科学活动为例,指出:"将为格物穷理之学,抑必勉勉孜孜,而后择之精、语之详。"再次,"行可以得知之效"。他认为行是认识过程的主导方面,对知识的产生、发展和验证都有决定性的作用,他反复指明:"行可兼知,而知不可以兼行。"行是知的基础、动力和落脚点,所以它包括了知、统率着知、优越于知。

知行关系还是一个"相资以为用""并进而有功"的循环往复、不断发展的过程。人们通过行,从不知到知,从浅知到深知,就可以做到"精义入神,日进于高明而不穷"。

致知没有止境,力行也没有止境,"道之在天下也,岂有穷哉!以一人之身,藐然孤处于天地万物之中,虽圣人而不能知不能行者多矣。……君子知此,念道之无穷,而知能之有限"。在这里,他接触到了真理的无限性和人类认识、实践的相对性。

在对知行关系深入探讨的基础上,王夫之更进一步提出了"实践"的范畴,说明了认识主体在改造自然、改造社会和改造自己的活动中的重大作用,从而使他的认识论的终点回复到起点——作为认识主体的人。他认为,认识的目的是指导实践,"知之尽,则实践之而已"。这里所谓"实践",当然包含了道德践履,但更多涉及的却是改造自然和社会,以及人的自我完善的活动,其中透露出来的是关于人的自觉能动性的思想火花。

他尊重"厚生利用"等生产活动,认为我们的祖先后稷所开始的农业生产,其伟大意义在于:"因天之能,尽地之利,以人能合而成之。"人们一方面依赖自然界提供的物质条件而生存,"资其用于天";另一方面又可以创造出自然界所没有而人们又必需的生活资料,"人有为也,有为而求盈,盈而与天相争胜"。为了御寒,人们可以"缉裘以代毛";为了自卫,人们可以"铸兵以代角",进行"合目的性"的改变世界的活动。

在改造社会方面，他提出，不仅"君相可以造命"，而且"一介之士，莫不有造焉"。在国家之治乱存亡的问题上，"人有可竭之成能，故天之所死，犹将生之；天之所愚，犹将哲之；天之所无，犹将有之；天之所乱，犹将治之"。充分发挥人的主观能动性，坚持人道正义，就可以起死回生、化愚为哲、变无为有、拨乱反治，创造人间奇迹。

就认识主体自身来说，正是在上述活动中，才能实现人的本质，增长聪明智慧，达到近乎完美的境界。他说："夫天与之目力，必竭而后明焉；天与之耳力，必竭而后聪焉；天与之心思，必竭而后睿焉。"这就是说，潜在的认识和活动能力是自然禀赋，要把它们发挥出来、实现出来，却主要靠人的主观努力。人格、道德、智慧都在实践中锻炼成长。

王夫之在展开他的"实践"范畴时，把他的认识论回复到了起点——作为认识主体的人。"人"不是"任天而无能为"的禽鱼，而是在实践中生成的作为天地自然的主持者的人。只要"以人道率天道"，尽乎人之所以异于禽兽的本质，就能进行改造世界、创造历史和塑造自己完美人格的活动。这种富于进取精神的朴素实践观，是明清之际启蒙思潮中反映时代脉搏的最强音。在天人关系问题的哲学探讨中，它与荀况的"天命可制"思想和刘禹锡"天与人交相胜"的思想，在历史上形成了三个坐标点。以朴素实践观为终点的王夫之的认识辩证法，把我国朴素唯物主义认识论，推到时代所允许的最高峰！

史 学 思 想

王夫之的史学思想，"依人建极"。以此为生发点，他深刻阐明了人类从"植立之兽"到"文之已备"、从"既愚且暴"的上古三代到"文教之薮"的汉唐宋明之发展演变的历史进化过程，深入探讨了进化与兴亡治乱，以及历史发展进程中的理与势、天与人的关系问题，提出并阐发了"于势之必然处见理""即民以见天"等一系列深刻命题及与此相关的系统理论，并且高度重视"参万岁而一成纯"的历史教养对于人格塑造和人类历史实践的重要意义，把中国史学思想的水平推进到一个超越前人的新高度。

依人建极，今胜于古

（1）论人是历史和文化的主体

王夫之的历史进化论思想，有两个重要的理论前提：一、人是历史的主体；二、人是文化的主体。这两条原则，具有为历史进化论奠定理论基础的意义。

首先，确立人是历史主体的原则，也就是"依人建极"。

这一原则是王夫之历史哲学的逻辑起点。他认为人是自然的最高产物，人一旦产生便成为自然的"主持者"，以其"明聪睿哲"成为混沌的开辟者。人作为主体而与客体自然物形成一种"与物为对"的关系，通过"取物自益"的实践活动，变自在之物为为我之物。所谓"道"，是"其用必以人为依"的道，圣人只能从人类生活和实践中总结出人类社会的法则。从这一观点出发，历史是进化还是退化，就不能以先验的天理来立论，而必须考察人类历史的实际。

其次，确立人是文化主体的原则，反对盲目推崇原始淳朴的传统观念。传统思想以上古为黄金时代，故老子主张"返朴归真"，宋明理学家亦认为"三代以上为天理流行"，推崇三代以上之人"不知不识，顺帝之则"的淳朴。"朴之为说"，遂成为历史退化论和复古主义的理论依据。与此相反，王夫之则认为人是文化的主体，故斥"朴"而尚"文"。他说"朴"的字义是"木之已伐而未裁"的意思，身为活人而崇尚"朴"是一件很荒唐的事情，是要把充满生机和活力的人变成"生理已绝""任其顽质"的木头，使人既丧失了"原自盎然充满、条达荣茂"的天然之美，也就更谈不上"养其生理自然之文，而修饰以成乎用"的文明进化。因此，一切对于所谓"朴"的盲目推崇，一切返璞归真、消极地回归自然的廉价鼓吹，皆与人之所以为人、人作为文化和文明的创造者和主体的类特性相违背。

从人是历史的主体和文化的主体、斥"朴"而尚"文"的基本立论出发,王夫之对人类社会的进化史作了具体考察,提出了关于人类社会起源和进化的学说。

(2)论文明在进化中生成

王夫之描绘了一幅人类的原始状态和文明在进化中生成的历史画卷。他说:"吾所知者,中国之天下,轩辕以前,其犹夷狄乎!太昊以上,其犹禽兽乎!禽兽不能全其质,夷狄不能备其文。……所谓饥则呴呴,饱则弃余者,亦植立之兽而已矣。"他说在中国历史传说中的太昊以上时代,人们还处于"禽兽"阶段;在轩辕以前的时代,华夏民族的人们也还处于"夷狄"的社会发展阶段上;只是从轩辕黄帝时代起,中国历史才开始向文明时代过渡。太昊时代的人伦关系,是"君无适主,妇无适匹",人们过的是一种原始的群婚制的集体生活。人们靠狩猎为生,茹毛饮血,所以人们的性情都很暴躁;因为生食野兽,血气旺盛,所以大家也都无须穿衣服,且并不觉得这有什么不道德或有伤风化。直到后来发明了用火和种庄稼,以煮熟了的谷物为主要食物,身体不再感到燥热难耐而需要御寒了,才开始需要穿衣服;人们的性情也开始变得温和起来,于是才出现了所谓"黄帝、尧、舜垂衣裳而天下治"的局面。

王夫之认为,在人类的进化过程中,火的使用和农业的发明对于人和人性的形成起了关键作用。只是由于这两大发明,改变了人们的食物结构,从而也改变了人们的生理和心理素质,禽心才进化成为人心,兽性才进化成为人性。但这两大发明也有一个逐步推广的过程,即使在燧人氏、神农氏的时代,也还是"鲜食艰食相杂""九州之野有不粒食",直到后稷把农业生产普遍化,才奠定了文明社会的基础。农业生产对于文明产生的伟大意义,乃是从野蛮向文明过渡的关键环节,所以王夫之热情地讴歌:"来牟率育而大文发焉,后稷之所以为文,而文相天矣。"

在肯定农业的出现对于中华文化形成之重要性的意义上,王夫之十分强调人作为文化之主体的类特性(质)对于文化(文)的依存关系,认为如果排斥了"文",人亦将不复成其为人,就将回到"禽兽不能全其质"的生存状态。他说:"文去而质不足以留,且将食非其食,衣非其衣,食异而血气改,衣异而形仪殊,又返于太昊以前,而蔑不兽矣。"这里所讲的"文",不仅是指礼俗意义上的文,而且包括人类物质文明的发展水平。如果"食非其食",就会导致血气的改变,复返太昊以前"植立之兽"的状态。所谓"文去而质不足以留",正是强调人在实践中的自我生成与文化发生的同步性与内在统一性。

（3）论今胜于古

王夫之认为，儒者们鼓吹的"三代盛世"亦只是处于中华文明发展的低级阶段。

先看唐虞以前和唐尧、虞舜时代。王夫之说，唐虞以前，人类尚且没有建立起道德规范，处于"婚姻未别，丧祭未修，狉狉獉獉"的状态，所以与禽兽并没有很大的区别；到了虞舜的时代，开始"明伦察物"，这才建立起道德规范。然而，道德尚未普及，就连舜的弟弟象也是一个毫无道德之心、多次谋害舜、想把两个嫂嫂据为己有的恶棍。舜的家族尚且如此，又何况天下呢？

再看宋儒之所谓"天理流行"的夏商周三代，特别是商纣王统治的时代和周之末季的春秋时代，君臣、父子、兄弟、姻亲之间的互相残杀，更是令人触目惊心。他说商纣之时，都城朝歌的贵族们沉迷于"酒池肉林"的享乐之中，而南国仍然保持着"淫奔"的原始婚俗。春秋之世，更是一个充斥着"父子相夷、兄弟相杀、姻党相灭"的时代，一个充斥着"蒸报无忌"乱伦行为的时代，一个充斥着"黩货无厌"贪枉盛行的时代，又怎能说是"天理流行"的道德上的黄金时代呢？

即使是进入了文明时代以后的华夏民族，其文化形态也依然有一个从低级向高级发展的过程，儒者们鼓吹的"三代盛世"亦只是处于中华文明发展的低级阶段。他根据对西南少数民族生活的实地观察，对比历史文献研究，得出了他对于所谓"三代盛世"的看法："三代沿上古之封建，国小而君多……而暴君横取，无异于今川、广之土司，吸龁其部民，使鹄面鸠形，衣百结而食草木。"夏、商、周三代的"国"和"君"，不过是残暴野蛮的奴隶主统治。这一论述，据实恢复了三代古史的本来面目，有力地冲击了所谓"三代盛世"的传统教条，这是冲破历史蒙昧主义的卓越创见。

他认为文化的发展有一个从低级向高级发展进化的过程。他把"夷狄"与"华夏"看作社会发展的两个不同的阶段："夷狄"过着"射生饮血"的生活，"彼自安其逐水草、习射猎、忘君臣、略昏宦，驰突无恒之素"；而农业民族则与此不同，"有城郭之可守，墟市之可利，田土之可耕，赋税之可纳，婚姻仕进之可荣"。这就相当准确地概括了野蛮时代与文明时代的不同特点：人类在野蛮时代确是以狩猎和游牧的生活为主，没有一夫一妻的家庭制度，没有城市，没有农业和商业，也没有国家以及赋税制度，等等；而进入了文明时代的民族则不然。在这里，王夫之看到了社会分工、家庭制度，特别是"有城郭之可守"对于人类进入文明时代的重要意义。诚如恩格斯在《家庭、私有制和国家的起源》一书中所指出："在新的设防城市的周围屹立着高峻的墙壁并非无故；它们的壕沟深陷为氏族制度的墓穴，而它们的城楼已经耸入文明时代了。"

王夫之批评了"三代以还，人渐浇讹"的道德退化论观点，肯定三代以下人民的道德水平远远超过上古三代。在《读通鉴论》中，王夫之对唐太宗时的儒臣封德彝之所谓"三代以还，人渐浇讹"的道德退化论观点进行了驳斥。他把自虞舜至夏商周三代期间许许多多恶人的名字，包括象、鲧、共、驩、飞廉、恶来、楚商臣、蔡般、许止、齐庆封、鲁侨如、晋智伯等等，一一列举出来，说明上古三代之民未必淳朴；而三代以下，虽然也有"败类"，然而由于道德教化的逐步推广，人民的道德水平远远超过上古三代，"非唐虞以前茹毛饮血、茫然于人道者比也"。

当然，王夫之并不否认特定历史时期民风趋于浇薄、"民争为盗"的事实，但是，他认为，这一切都是不良政治的结果，是统治者"导"出来的，逼出来的。秦朝的民之离叛，乃是秦王朝对人民"疾之如寇"所导致；隋文帝、隋炀帝父子对人民"防之若雠"，政治腐败，逼得人民活不下去才争相"为盗"。他认为，在脱离了唐虞以前那种"茹毛饮血、茫然于人道"的状态，即把人从狭义动物界中提升出来以后，人民的本性总体是向善的；如果不是专制统治者仇视人民，倒行逆施，人民是不会日趋于浇讹、去为恶为盗的。

多源发生，文野互变

（1）论文明的多源独立发生

王夫之提出了一个关于文明由互不相知的各民族分别创始、在中华文明发生之前世界上已有文明存在的大胆假设，主张文明的多源独立发生论，承认在人类文明的总的进化过程之中也存在文明的衰落、文明的退化、文野或华夷之互变的历史事实。

在华夏文明中心论占据绝对统治地位的时代，谁能设想出在中国文明尚未发生之时世界上已有某种先进的文明存在呢？而王夫之正是这一大胆假设的提出者。他说："天地之气衰旺，彼此迭相易也。太昊以前，中国之人若麇聚鸟集，非必日照月临之下而皆然也，必有一方焉如唐、虞、三代之中国也……"他认为世界各民族的文明是在彼此隔离的状态下由各民族的人民独立地创造的，而各民族的文明都有一个从兴盛走向衰落的过程。在彼此隔离的状态下，一种文明衰落以后，而另一个民族的人民又不得不独立地开始创造。此盛而彼衰，彼衰而此盛，文明和野蛮是可以在一定的条件下相互转变的。无独有偶，17世纪至18世纪的意大利学者维科在其《新科学》一书中也提出了一个大胆的假设，他认为有一种"通用于一切民族的心头语言"而使文化可以在不相闻问的各民族中多元独立地起源,而且同一民族亦可因环境的巨大变化(如"世界洪水")而使文明人变成野兽,随后又以"某一定的方式"(如代表"神"的意旨的天空中的雷击)唤起他们对人类以往的语言和制度的记忆,从而由野兽重新变成文明人。

但是,王夫之的证明方式不像维科这样带有神秘意味,他采取的是"以其近且小者推之"的论证方式。他以中国大地上吴楚闽越等地区从"汉以前夷"变为"文教之薮",明代以来,"学术、节义、事功、文章,皆出荆、扬之产",以及两粤、滇、黔渐向文明的事实,来论证从夷到华、由野变文的进化;又以齐晋燕赵等地区从"隋唐以前之中夏"到"今之椎钝桎戾"的事实,来论证从华到夷、由文变野的退化。他说在"近小间"尚且如此,那么以此似乎是带有规律性的现象而推之荒远,假设太昊以前尚且混沌未开的中国大地之外有文明的存在,又有什么奇怪呢?面对满族入主、"中国之文,乍明乍灭"局面,他对中国"他日者必且陵蔑以之于无文"满怀着深深的忧虑,不过他仍深信日照月临之下必有文明的存在:"此混沌而彼文明,又何怪乎!"在一定的历史条件下,文可以变为野;然而,人作为文化之主体的类特性终不可泯灭,野亦终将在一定的历史条件下转化为文。各民族的文化是互相影响的,他日也许将会从"日照月临之下"的彼方国土输入文明呢。

王夫之把文野转化的原因归结为"天地之气衰旺,彼此迭相易",把中国北方由文变野、南方由野变文的原因归结为"地气南徙"或"天地有迁流之运",亦与近代魏源论西学东渐为"天地之气运自西北而东南"近似。但与魏源一样,王夫之不仅讲"气运",更注意探寻文化兴衰的人为原因。他认为"气运"实际上是人为所造成的,南方的闽广之所以能够成为文教之区是由于汉代的开发;而北方的燕云十六州之所以渐染夷风而由文变野,是由于宋朝政府苟且偷安而认可女真族对这一地区的占领。因此,所谓"天地文明之气日移而南",实在是由人为的因素所导致的。

（2）论进化与退化

王夫之认为,华夏文明虽然从总体上高于以游牧为生的"夷狄",但历史上的某些游牧民族在接受了华夏文明而提高了自身的文明素质以后,也随之丧失了他们原本具有的某些优秀素质,遂导致被其他的游牧民族所征服。退化与进化如影随形,展示着社会进化的固有的辩证法则。

他认为"夷狄"与"华夏"虽然分别代表了文明发展的低级阶段和高级阶段,但他也没有把这种区分绝对化,而是意识到华夏与夷狄各有其长处和短处。例如他在探讨"华夏"屡次被"夷狄"所征服的原因时,就侧重于从华夏文化自身的不足和弊病方面找原因。他说农业文明虽然高于游牧文明，但也使人丧失了在"与禽兽争生死"的生存斗争中所养成的粗犷悍厉的气概，日趋文弱，甚至形成了所谓"中国膏粱豢养之气"，这样的民族又怎么能不被游牧民族所征服呢？他还认为，虽然农业民族在整体文明水平上要高于游牧民族，但腐败的因素也比游牧民族要多，游牧民族不仅勤劳刻苦勇敢过于华夏，而且在道德和法律的某些方面也有过于华夏之处。所有这些观点，都相当深切地说明了世界历史上屡见不鲜的文化先进的农业民族为落后的游牧民族所征服的原因。

同时，从这些对于历史教训的实事求是的总结中又可以看出，他虽然坚持华夏文化在其发展过程中高于"夷狄"，但他也看到了在以农业文明取代游牧文明以后所产生的弊病，特别是农业文明内部的腐朽因素也随之生长起来的事实，这真有点像后来章太炎先生所说的"善亦进化，恶亦进化"的"俱分进化论"了。

（3）论进化与分合治乱

王夫之还探讨了进化与分合治乱的关系，深刻揭示了人道之进化是在治乱合离交互更替的曲折途径中实现的道理，说明人类每成功地应对一次离乱的挑战，也就使人道的进化大大向前迈进一步。

中国历史上有一种似乎是带有规律性的现象，即分久必合，合久必分，治久则乱，乱久则治。把对于这样一种现象的理论概括为"历史循环论"，未免简单化。历史规律是有层次的，人们对历史规律的认识，往往是从明显可见的、带有规律性的现象开始，由表而及里地不断深化。王夫之的深刻之处在于，他不仅看到了分合治乱在中国历史上的交替出现，而且深入地探讨了进化与分合治乱的关系，揭示了历史运动的前进性与曲折性的辩证统一。他认为这种现象犹如"日之有昼夜，月之有朔弦望晦"，不足为怪；同时，他又看到，社会的治乱离合又与自然现象有所不同，因为它没有固定的时间周期性，"方乱之终"时有"治之几动"，"方治之盛"时有"乱之几动"；无论是离乱还是合治，都是事物自身所包含的对立的因素长期酝酿积累的结果。

他进而认为，人道之进化正是在这种治乱合离交互更替的曲折途径中实现的。春秋战国时期乱不乱？然而此乃"古今一大变革之会"。三国、隋末乱不乱？然而却有孔明治蜀、贞观开唐的伟业。由于古今殊异，导致乱离的因素也不同：上古之乱在天灾，中古之乱在人事，后世之乱在人心。人道正是在应对挑战中进化，在以人道战胜禽兽之道的过程中得以发展。他认为，对于人类社会来说，最可怕的是以禽兽之性来戕害人之性而由此导致的"乱在人心"。但基于对人道进化史的考察，他坚信，人类也一定能够成功地应对各种新的挑战，努力维护人的精神尊严，使人道之进化日趋完善。

理势相成变通可久

王夫之通过对历史的深入研究，创立了关于历史发展规律的学说，即"理势合一""理势相成"的学说。他深入探讨了历史人物的主观动机与历史活动的客观效果、历史活动的道德评价与历史评价的关系问题，系统论述了历史的规律性与人的历史实践的主观能动性的关系，对历史前进运动的内在根据和杰出人物在历史上的作用问题做了颇有价值的探讨。

（1）"理成势"与"势成理"

王夫之把刘知几、柳宗元等人曾经运用过的十分笼统的"势"概念加以具体规定，并与新加界说的"理""天""时"等范畴联结起来，试图更深入地来揭示历史运动过程的必然性。他认为，历史之"势"是社会运动的客观过程；历史之"理"便是这一过程所表现的规律性。

理势关系可从"理成势"与"势成理"两个方面来考察：

从"理成势"的角度看，"得理自然成势"。历史的必然规律，体现在人们的历史活动之中。如殷周之际的社会大变动，以国力强弱而论，殷商强大而姬周弱小，不得不臣事于殷商；然而，商纣王乃是一"置生民之利病于不谋"的暴君，而周文王则能于天下无道之时而独能"道自我行"，遂导致"民心归之"，这正是"尽人事以回天""得理自然成势"的印证。又如汉、唐之兴，皆以其"功足以勘大乱"，顺应了人心思治的时代要求，这亦是"得理自然成势"的印证。

从"势成理"的角度看，"于势之必然处见理"，这是王夫之的根本思想。《读通鉴论》开宗明义第一篇，就通过对秦变封建为郡县这一重大历史事变的必然性的分析，得出了"势相激而理随以易"的重要结论。他指出：到战国时期，"封建"制已经过时，"世国""世官"等已是"势所必滥"；而在世袭等级制压迫下的人们，作为新兴势力，已经由"势所必激"，而"相乘以兴"；并且，事实上，郡县制的萌芽"已在秦先"出现，所以，"封建毁而选举行"就成为不可阻挡的必然趋势。依存于"势"之"理"，也就必然随之改变。通过对这类历史事变的概括，王夫之得出结论："时异而势异，势异而理亦异。"

根据对历史发展过程中的"理成势"与"势成理"的具体论说，王夫之进一步综合二者，提出了理势合而为天的学说："势字精微，理字广大，合而名之曰天。"所谓"天"乃是"合往古来今而成纯"的历史规律。

王夫之敏锐地意识到,历史人物活动的主观动机与其所产生的客观效果往往并不一致,主观上的自私欲望或个人的私欲可能会造成一种好的结果,恶的动机往往成全了善的目的;而这种情形之所以造成,乃是取决于历史人物的活动是否在客观上顺应了时代的要求和社会发展的规律,而不是取决于其主观动机是否纯正。例如,秦始皇废封建,立郡县,主观上是为了实现他的"子孙帝王万世之业"的欲望,然而,其客观效果恰恰与其愿望相反:"郡县者,非天子之利也,国祚所以不长也;而为天下计,则害不如封建之滋也多矣。"所以王夫之感叹道:"呜呼!秦以私天下之心而罢侯置守,而天假其私以行其大公,存乎神者之不测,有如是夫!"

再以汉武帝为例。汉武帝派张骞通西域,不过是为了求得西域的好马而已;南辟黔、滇、交阯,也是为了满足他那好奇好货的欲望。然而,在王夫之看来,问题不在于汉武帝的个人动机,而在于他那开辟遐荒的作为在客观上顺应了历史发展的必然趋势,且如此作为的历史条件已经成熟:河西与雍州、凉州,黔滇与川湘,民间交往密切,"声息相通,物产相资"。因此,虽然汉武帝主观上不过是为了觅取"天马"等等而远求,然而却开发了边疆,其作为是合乎时代要求和历史发展趋势的。正统儒家指斥汉武帝穷兵黩武,而王夫之则认为，对于汉武帝的作为不能"以一时之利害言之"，而应看到其作为有利于历史进步，是历史规律（天）假手于汉武帝来成就此功业。

对于历史上的农民起义，王夫之也充分肯定了其作为历史规律之"假手"所具有的合理性。他认为"犯天下之险以首事"的农民起义正是暴君必亡的历史规律的"先征"，促成了秦、隋、元等专制王朝的灭亡，他们的历史壮举反映了历史的规律和专制暴政灭亡的必然性；同时也说明，历史规律虽然不以任何个人意志为转移，但历史规律恰恰又是通过怀有各式各样动机的人们的历史活动而形成、而体现，从而生动地论证了"天理"因"假手"而彰显，即历史的客观规律通过人的历史实践而展示的深刻道理。

（2）即民以见天

王夫之史学思想的最重大的建树和特识，就在于他把"依人建极"的原则贯穿其史学思想之始终，以历史活动的主体"人""民"来规定"天"这一范畴所标志的客观内容。他利用"天视听自我民视听，天聪明自我民聪明，天明威自我民明威"等古老命题，继承和发展了柳宗元的"生人之意"决定历史的无神论史观，把"天"规定为"人之所同然"或"民心之大同"，也就是把天归结为一种合理的民心向背的客观力量。

这里问题的关键在于如何看待属于少数贤智个人的"己之天"与属于大多数民众的"民之天"的关系问题。王夫之认为真正的圣人应该"不专于己之天","不自矜其贤智",而应体察民心，统同于民，绝不应该"以己之意见号之曰'天'，以期人之尊信"。他坚决反对"舍民而言天"。其理由是：舍民而言天，就会导致独夫民贼用符瑞图谶、时日卜筮等等来假借天命、欺骗民众，使政治完全非理性化。他认为民意即是天意的显现，违反民意也就违背了"天之理"。他看到了人民的好恶是有道理的，民众能够从大体上明黑白、辨是非，其所爱所憎都不是平白无故的。

然而，王夫之也反对"舍天而言民"，认为"舍天而言民"也会导致"偏听以酿乱"的后果。他认为民众的认识水平和实践水平使得他们的好恶、德怨等等有时并不那么可靠。其目光之短浅，使得他们往往缺乏深谋远虑；其心态之狭隘，往往使他们"厌人富强而乐其祸"；其短视和自私的心理，又使他们很容易为小恩小惠所动心，看不到自身的长远利益和根本利益之所在。尤其是对于农民起义，王夫之虽然从"即民以见天"的观点肯定其反抗专制暴政的道义合理性，但他并不赞成这种疾风暴雨式的群众阶级斗争。

（3）"参万岁而一成纯"，变通可久

王夫之的史学思想，以人为起点，又以人为归宿。作为其史学思想之归宿的"人",是善于以史为鉴、"变通以成乎可久"的人,是"参万岁而一成纯"、真正认识人生的价值和意义的人,是基于丰厚的历史教养而自觉形成的"如泰山乔岳屹立群峰之表""俯临于流俗污世而物莫能撄"的理想人格。

王夫之治史,具有十分明确的经世目的。他说:"所贵乎史者,述往以为来者师也。为史者,记载徒繁,而经世之大略不著,后人欲得其得失之枢机,以效法之无由也,则恶用史为?"通过治史,总结历史经验,明得失之枢机,通经世之大略,以收"述往以为来者师"之效,是王夫之治史的基本指导思想。但以史为师,"效法"古人之所以得,不是正统儒家所说的"法古",而是把握史学之精义,即通晓历史之规律、推本得失之原而善于"变通"。要做到这一点,就需要有作为"善取资者"的人,善于"以心鉴史"的人。

对于王夫之来说,史学并非是"记载徒繁"的编纂之学,也不是俗儒们的记诵之学,而是人类的实践可资能动取鉴的镜子。读史也并非是程颐所讥讽的"玩物丧志",通过读史可以发现自我的历史存在,感受民族文化慧命的绵延,唤起和培育巨大的历史感,从而以史为鉴,指导实践。他说司马光把他的历史学著作起名为《资治通鉴》,意味深长。"曰'资治'者,非知治知乱而已也,所以为力行求治之资也。"把历史学看作"力行求治之资",正是王夫之历史学研究的根本宗旨。

他认为借鉴历史乃是一个"设身易地以求其实"的能动的体验和思维的过程。"为力行求治之资",是为了确立自我的历史使命感和责任感,并通过借鉴历史,来指导"今之兴利除害""变通以成乎可久"的社会改革之实践。他说:"善取资者,变通以成乎可久。设身于古之时势,为己之所躬逢;研虑于古之谋为,为己之所身任。取古人宗社之安危,代为之忧患,而己之去危以即安者在矣;取古昔民情之利病,代为之斟酌,而今之兴利以除害者在矣。"

他强调"治之所资,惟在一心,而史特其鉴也",将"心"与"史"有机结合,以心鉴史,通过将自身置身于历史之中,设身处地承载历史的使命,为国家安危、民情利病而为之身任、研虑、忧患、谋为,而总结出"变通以成乎可久"的慧解,获取为民族"去危以即安"、为人民"兴利以除害"的智慧。

他认为,只有人们的历史实践才是检验一切施政方针、战略战术决策、思想言论之是非得失的根本标准。治国且须"以成与得为期",故"无取于似仁似义之浮谈"。以社会功利为标准,有作为的政治家就应当"智有所尚,谋有所详",适乎民情,乘乎时势,以成就其利国利民的功业。当然，尚智谋而乘时势，绝不意味着为了达到目的可以不择手段，绝不意味着可以放弃道义标准。他对于《资治通鉴》的"通"字的解释，就充分体现了把社会功利标准与道义标准统一起来的诉求。他认为能够把二者统一起来，就叫作"通"。

船山之学，以史为归；而史之归，在于"变通"，在于彻底否定"天不变，道亦不变"的中古教条，唤起人们的文化自觉意识。王夫之通过研究历史，发现世上没有永恒不变的治国方略，没有永恒不变的文化形态，亦没有永恒不变的道德。因此，他最反对"执一以贼道"，最反对以所谓"终古不易"的"一成之例"来限制人类历史实践的发展，最反对那种自以为发现了永恒的绝对真理的僭妄。他宣称自己的论说也并非什么绝对真理，认为"道"只能在"位物""成事"的实践中检验和发展。这正是王夫之通过读史而"引归身心"所表现出的博大胸襟、恢宏气概和深远的历史眼光！

王夫之读史养志、"引归身心"的自觉实践，不仅在于以心鉴史、"所以为力行求治之资"，以造就具有为国去危即安、为民兴利除害的真本领，具有善于取资于史、"变通以成乎可久"的大见识、大智慧的人；还在于"参万岁而一成纯"，挺立道德自我，造就具有坚定的信念、坚强的意志、卓然独立、不徇流俗、自觉承担历史赋予的使命而"生死以之"的理想人格。

怎样才能"参万岁而一成纯",从而深明人生的真正价值和意义,成为一个"不为世所颠倒"的有独立人格的人呢?王夫之建议,首先要把自己置身于历史发展的大潮之中,设身处地于不同的历史时代,问一问自己,在不同的时代将何以自处?他说只有通过置身其中而又出乎其外地鸟瞰历史进程来看人生的意义和价值,方能做到不与世浮沉。真能"参万岁而一成纯"的人,自能卓立道德自我,不为富贵利达而骄其心,不为贫贱饥寒而移其志,面对专制淫威而不屈其节;无论客观环境怎么变化,独立人格不能变,庄严而崇高的道德自我不能变。"是以笃实光辉,如泰山乔岳屹立群峰之表,当世之是非、毁誉、去就、恩怨漠然与己无与,而后俯临乎流俗污世而物莫能撄。"这是基于历史教养而自觉形成的理想人格的崇高美。

道德伦理思想

王夫之从"天道"与"人道"既相互联系又相互区别的观点来考察道德的起源,提出了在中国哲学史上独树一帜的人性发展理论。他反对把"天理"与"人欲"绝对对立起来,既肯定人的欲望的合理性,又强调人的道德自律的主体性；他主张义利统一观，以民族的生存、人民的福祉为千古之大义，从而突破了数千年来以维护专制统治权力为至高无上之"大义"的传统观念，为近代志士仁人冲决网罗、改革社会提供了道德的合理性依据。而王夫之热切呼唤并身体力行的豪杰精神，更使我们对船山之人格美产生无限之敬仰和赞叹！

理欲合性，日生日成

（1）论人道与人性

在宋明理学家中，程朱是从"天理"本体论出发来论证道德根源于客观的宇宙，张载是从"元气"本体论来论证"天地之帅吾其性"，但无论是程朱还是张载，都认为人道与天道没有区别，禽兽亦有君臣父子之伦，亦有仁义道德，所以要以天道率人道。其目的都是神化人世间的现存道德秩序，使之神圣化、永恒化。

王夫之不同意他们那种抹杀天道与人道之区别的观点，提出了"天道不遗于禽兽，而人道则为人之独"的深刻命题，反对宋明理学家以天道率人道，而主张"以人道率天道"。他一再强调，人之孝不同于"羊乌之孝"，人之忠不同于"以威相制"的"蜂蚁之忠"，所以他对那些鼓吹羊乌之孝、蜂蚁之忠的理学家们深为不满。他认为，道德本质上是超功利的，而羊乌之孝、蜂蚁之忠都是与利害相关的，正如人以好色之心、求功名之心去"慕其亲"一样，都只是"顺用其自然"，与唯知趋利避害的禽兽并没有本质的区别。只有发挥作为道德主体的人的自觉能动性，为行善而行善，依仁蹈义，不以利害为转移，"而后人道显"。"人道"并没有抛弃"天道"（自然演化）赋予生命存在并有利于其进化的优秀属性，而只是凸显了作为道德主体的人"以人道率天道"的自觉能动性。

有人认为，甘食、悦色是人的自然本性，与禽兽并没有什么不同。王夫之不同意这一观点，他说若要论及人与禽兽的不同处，"则甘食、悦色处亦全不同"。他认为人的甘食悦色与禽兽的区别至少包含两点：一是所甘所悦有精粗美恶之分；二是人有尊严，如廉者不受嗟来之食即是。与此相反，禽兽则唯知充饥，"饥则呴呴，饱则弃余"。这一观点是深刻的。人在将自身从狭义动物界提升出来的过程中，其内在的自然——生理本能亦"人化"了。禽兽只是从自然界觅取现成的食物来充饥，而人则是通过劳动来从自然界获得物质报偿，并且以科学的、道德的和美的感受性的尺度来对待"吃"的问题；人的满足其性欲的方式也不再是动物式的纯生理性的，而更重要的是精神性的。所以马克思说，根据一个人对待异性的态度，就可以判定他在何种程度上成了人。因此，那种认为人的甘食悦色与禽兽没有区别的观点是不对的。

孟子说："人之异于禽兽者几希。"王夫之则认为，"若论其异仅几希，则仁义之异亦复无几。虎狼之父子亦似仁，蜂蚁之君臣亦近义也"。朱熹认为人之异于禽兽的"几希"就在于人能推，禽兽不能推，而仁义则是人与禽兽所同。王夫之批评说："虎狼之父子，只是姑息之爱；蜂蚁之君臣，则以威相制而以利相从耳。推得来又成甚伦理？"他强调，"若人之异于禽兽，则自性而形，自道而器，极乎广大，尽乎精微，莫非异者，则不可以'仁义'二字括之"。俗儒以人欲为恶，以天理为善，将天理人欲截然对立起来，而王夫之则认为，排斥人欲而只言天理并不能与禽兽划清界限。

与张载讲"天地之性"与"气质之性"的区分不同，王夫之坚持严格的理气合一论的立场，认为理就在气中，性就在气质之中。"盖性即理也，即此气质之理。"他从"理气合一"论引申出"理欲合性"的人性学说，认为人性中包含"欲"与"理"两大要素，二者的有机结合就是人性。他说人性就是人的生之理，是每一个人的与生俱有之理，"仁义礼智之理，下愚所不能灭，而声色臭味之欲，上智所不能废，俱可谓之为性"。宋明理学家认为"性即理"，认为只有仁义礼智之理才是性。而王夫之认为，不仅仁义礼智之理是性，而且声色臭味之欲也是性，二者都是人性的不可或缺的组成部分。正如理与气不是对立的一样，欲与理也不是对立的，而是一种"合两者而互为体"的关系。在理与欲中，必须首先肯定理以欲为体；至于理与欲互为体的另一方面，即欲以理为体的方面，无非是说理只有通过欲而表现出来而已。因此，一切关于人性的理论，都不能舍弃欲的合理性而孤言道德之理。

（2）论"继善成性"

人性发展理论是中国哲学在明清之际新的历史条件下产生的一大思想创见。在王夫之以前，李贽提出了"德性日新"的学说。王夫之实际上是继承和发展了李贽的这一学说，其"性日生日成"说的理论依据是他的"气化日新"说和"继善成性"说，比李贽的"德性日新"说要精微而具体。但究其实质，则是李贽的"德性日新"说的展开和深化。

王夫之认为，程朱理学家的理论失误除了强分"天地之性"和"气质之性"之外，还在于他们把人的气禀看作"一受之成侀而莫能或易"的，似乎人一生下来就具有了终身不可改变的禀性，用所谓"气禀之清浊"来为专制等级制度辩护。为了批判程朱的谬说，王夫之别出心裁地借注释孟子之所谓"莫非命也"来阐说自己的人性发展理论。所谓"命"，无非是一阴一阳的气化流行,"终身而莫非命,终身而莫非性",气化流行不息,人时时都在受命而"其成皆性";人更有实践的能动性,"继善成性"而"其继皆善"。因而,程朱以人的气禀为"一受成侀而莫能或易"的观点是不能成立的。

在王夫之看来,人在初生时,其性与牛之性、犬之性尚无明确的分别,人性之善乃是后天生成的。他说在"天地与我同根,万物与我共命"、即人尚且未从自然界中提升出来的时候,人之性犹如狭义动物界的犬之性、牛之性,人性尚未形成,因而"不可概之以成乎人之性也",亦"不可概之以相继以相授而善焉者也"。人在初生时也是如此,虽然不能说初生的婴儿没有"性",但他还不具有人之所以为人的善性,即所谓"善不于性而始有";婴儿作为人,其所谓"性"只是"犹子孙因祖父而得姓",而要具有人的善性,则有待于在后天的培育中逐渐养成,正如"子孙之不可但以姓称,而必系之以名"。当然,人在初生时并非"无所命",婴儿毕竟不同于初生的牛犊或其他小动物,婴儿可以长大成人而具有人性,其他的小动物则不能。人在初生时所获得的禀赋,只是为人性的后天生成提供了生理学上的根据或潜在的可能性。

王夫之强调,人性是后天形成的,所以他力主"性日生日成"之说。"夫性者生理也，日生则日成也。则夫天命者，岂但初生之顷命之哉！"人性并不是如宋儒所说的在初生时"一受成侀而莫能或易"，而是随着生命的成长而不断地有新的禀受，"命日新而富有"，"性日生而日成"，"善养之"则可以"耄期而受命"，纵然年事已高，亦可以使人性放射出灿烂绚丽的异彩！"性日生日成"的根源在于天地之气化不息和人之"取精用物"的生命活动之中，人通过取"二气之精"，用"五行之实"，以之为长养，亦由此以成性，性之所成即"理之所成"。正是人的所"取"所"用"之生命活动，可以解释人性善恶的形成及其变化。

王夫之认为，人在初生时的气禀"皆其纯粹以精"，人之善恶乃是由后天的"习"所造成。"习与性成者，习成而性与成也。"习虽有善有不善，但人毕竟具有自觉的道德意识，可以在不同的道德价值面前自主选择，可以通过实践而使人性日臻于善。据此，王夫之提出了"继善成性"的学说。"继善"，就是发挥人的自觉能动性。人类"继善"的实践活动没有止境，人性的历史发展也没有止境，故命日受而性日生，命日新而性亦日新，"性命之不穷也而靡常，故性屡移而异……未成可成，已成可革"。确认人性可变、可革，这在17世纪的中国，确是一种富于启蒙性的结论。

以理导欲，义利并重

（1）论理欲关系

针对程朱理学割裂理欲、"冀夫欲尽而理乃孤行"的观念，王夫之发挥胡五峰"天理人欲，同行异情"之说，对程朱理学展开批评。他认为，离开了人欲，别无所谓天理；真正的圣贤之学乃是"随处见人欲，即随处见天理"。

他反对以人欲为恶的观点。认为性无不善，因而理欲皆善，天理即在人欲之中。他提出了"人欲之各得，即天理之大同；天理之大同，无人欲之或异"的光辉命题。凡是讲到人欲，讲到饮食男女、好货好色，无疑都是指每一个具体的活生生的个人物质生活欲望，人欲都是有私的，不可能有无私的人欲。所谓人欲之各得，就是满足每一个人有私的人欲。所以王夫之说"私欲之中，天理所寓"。要实现人欲之各得，就必须"以我自爱之心而为爱人之理"，人人都这么做，就能实现"人欲之大公"，从而也就是"天理之至正"。对于程朱理学的"饿死事极小，失节事极大"之说，王夫之亦颇有微词。他认为寡妇衣食无着值得同情，因此而改嫁亦是人之常情，不足为责。这在当时是很开明的议论。把珍惜人生命的原则置于"道德"的原则之上，从而表现出了一种可贵的人道主义情怀。

基于"理欲皆善""公欲即理"的论证，王夫之对宋明道学的禁欲论作了严厉的批判，并由此提出了他的"以理导欲"的学说。他说："孔颜之学，见于六经、四书者，大要在存天理。何曾只把这人欲做蛇蝎来治，必要与他一刀两断，千死千休？"他说要求人做到人欲净尽，乃是"异端所尚"。他认为合乎天下人之愿望的道理才称得上是"天理"，天理"无非人情"；至于宋儒所讲的所谓"天理"，乃是"绝己之意欲以徇天下""推理之清刚以制天下"的非理之理。他批评道学家最缺乏的就是那"君子所不可无"的"情"，无情则导致不恤民生疾苦，从而生出种种残忍的心理和行为来。在王夫之看来，对于普通民众，特别是那些孤苦无依的鳏寡孤独者来说，再没有比满足他们物质生活和情感生活的要求更为迫切的事情了，可是残刻无情的道学家们竟无视这一点，反而采用"道德"的和法律的手段去加以"严酷裁制"，如此真可谓是"天下无道"了。正是由于这些道学家的"惟其意之所行"，"后世天下死于申韩之儒者积焉"。从王夫之的以上论述中可以看到，他对程朱理学的批判乃是后来戴东原直斥程朱理学"以理杀人"的先声。

针对程朱理学的"惩忿窒欲"的道德修养论，王夫之指出，"忿非暴发，不可得而惩"；"欲非已滥，不可得而窒"。与程朱理学相反，王夫之主张人应该具有"亢王侯"的浩然大勇和对恋人的一往深情。他说："性主阳而用壮，大勇浩然，亢王侯而非忿；情宾阴而善感，好乐无荒，思辗转而非欲。"而道学说教的实质，正是要把人的清明之嗜欲、强固之气质摧残殆尽，通过"灭情而息其生"，把活生生的人变成寒岩枯木，成为"游惰为否塞之归"的废物。道学家们总是把恶归罪于人的才情，而王夫之则强调："尊性者必录其才，达情者以养其性"，"既登才情以辅性，抑凝性以存才情"。而道学家那种立足于预防、肆意摧残人性的道德修养论，正如"畏金鼓之声而自投车下"一样，是愚蠢的，是处于衰世的学者对人的道德主体性缺乏自信心的表现。

　　王夫之在批评禁欲论的同时，也对"驰逐物欲"的纵欲主义作了严正的批判。他认为禁欲主义与纵欲主义虽为互相对立的两个极端，但却潜藏着由此达彼、在一定的条件下相互转化的可能性。物质生活的欲望对于每一个活生生的人来说，永远是必然的，关键在于要以合乎人性的态度来对待之，以道德的原则来引导和规范之。只有既在理论上堂堂正正地肯定人欲之合理性，又致力于重建一种达于"人欲之大公"的道德规范，提升人的道德境界以适应人性发展和社会进化之要求，才能避免由禁欲主义走向纵欲主义给社会所带来的弊端。

（2）论义利关系

义利之辨，源远流长。孔子说"君子喻于义，小人喻于利"。把义与利打成两橛，君子与小人判若水火，互不相容。宋明理学家更以"严义利之辨"著称，把义利之辨与公私之辨、天理人欲之辨相联系。明代中期以后，产生了以李贽为代表的新义利观，以"人必有私"论为出发点，肯定人们追求其合理的私人利益的正当性。但如何处理义利关系、义利如何统一的问题并没有完全解决。而正是在这一点上，王夫之作出了重要的理论贡献。

他首先从宇宙观的高度肯定了"各安其本然之性情以自利"的合理性。自然界的一切有生命的事物，无不具有自爱的本能、趋利避害的本能，不自利，难道自害吗？人也与自然界的一切生物一样需要生存，要生存就必须"自利"。所以他说："利者，民之依也。"从表面上看，"义之与利，其途相反"，然而，从使人人各得其合理的私人利益的"天理之公"的观点看，义之与利，则是统一的。人类之所以需要义，正是为了利，而不是为了害。

其次，要把合理的私人利益与自私自利区别开来。他说正当的利是"益物而和义"，不是"小人以利为利"的利。自利而不侵害他人的利益是合理的；与此相反，小人以利为利，唯一己之私利是图，因此而侵害他人和社会群体的利益就是不合理的,故王夫之以自私自利者为小人。讲清了合理的私人利益与自私自利的区别,是王夫之的一个重要思想贡献。

在王夫之看来,合理的自利在道德伦理上属于不善不恶的范畴,即既说不上是恶,也说不上是善。他认为道德本质上是超功利的,个人在道德践履上应该具有为行善而行善的精神,而不应该算计利害得失。他强调,只有为行善而行善的人,才是真正有道德的人。否则,就会导致"见利而无不可为"的后果。他看到,身处衰乱之世而讲道德并不一定对自己有利,然而,人的生命之所以可贵,就在于他可以"载义";为了天下之大义,同时也为了成全自己的道德人格,亦可以舍弃自己的生命!这正是古来多少志士仁人的精神,是为了真理和正义不惜付出最大的个人牺牲的启蒙者的精神!

在总结历史、审视现实的基础上,王夫之把"义"区分为三个层次:一人之正义、一时之大义、古今之通义。这三个层次在一定的历史条件下可能是统一的,而统一的前提必须是使一人之正义既能反映一时之大义,也合乎古今之通义。然而,在一定的历史条件下,三者又"不能交全"。在这种情况下,王夫之主张:"不可以一时废千古,不可以一人废天下。"也就是说,无论是一人之正义,还是一时之大义，都必须服从于天下古今之通义。

历来的儒家都讲，臣事君以忠、通古今之大义，王夫之则认为，还有比君臣之义更高的大义存在，这就是夷夏之辨。对于不能保中夏、卫社稷的昏庸之君，绝不应当无条件地对其绝对服从，而应该坚决反对，这就叫"不以一时之君臣，废古今夷夏之通义"；反之，如果对丧权辱国的昏君也无条件服从，眼看国土沦陷、民族衰亡而无所作为，则"一时之义伸，而古今之义屈矣"。民族之大义高于君臣之义，也就是人民的福祉高于统治者的权力，即王夫之所说的"生民之生死"高于"一姓之兴亡"。

"以身任天下"的豪杰精神

王夫之说："有豪杰而不圣贤者矣，未有圣贤而不豪杰者也。"他认为，一个人只有先成为豪杰，而后才能成为圣贤。也就是说，只有具有豪杰精神、堪称真豪杰的人才能成为圣贤。圣贤必须是豪杰，没有豪杰精神的人是不能称为圣贤的。

什么是豪杰？王夫之说："能兴即谓之豪杰。"豪杰能卓然兴起，有非凡的气概，有独立的人格。与庸人不同。庸人拖沓委顺，随顺流俗，谄媚权势，唯知跟风走，而豪杰则能自拔于流俗之中，卓然独立。庸人唯知终日为稻粱谋，为富贵谋，为子孙谋；而具有独立之人格、非凡之气概和不徇流俗自由之精神的豪杰，则有远大四方之志，意气风发，志气豪迈，以天下为己任，"救人道于乱世"。

王夫之借阐扬孔子"深取其狂简"的思想来呼唤豪杰精神。据《论语·公冶长》载："子在陈，曰：'归与！归与！吾党之小子狂简，斐然成章，不知所以裁之。'"孔子的意思是说，我们那里的学生志向远大而又勇于进取，文采又都斐然可观，我不知道怎样去指导他们。这段话明明是赞扬狂者的，可是朱熹的注释却说，孔子"恐其过中失正，而或陷于异端耳，故欲归而裁之也"。对于这一观点，王夫之是不赞成的，他借批评"游于圣人之门"的景伯"虽日闻圣教而不能洗涤其习气"，来批评道学先生们的志趣之卑、识力之弱。他反复强调"孔子思狂士"，正是因为狂士有志气、有见识、有超拔于流俗之上的气概。

豪杰或"狂士"未必是圣贤，也不是那种规行矩步的君子，所以张载对狂士亦颇有微词，说："君子之大也大于道，大于我者，容不免狂而已。"王夫之不同意这一观点，他为狂者的"行而不掩"辩护说："狂者见我之尊而卑万物，不屑徇物以为功名而自得，乃考其行而不掩，则亦耳目心思之旷达而已。"这段话颇似王阳明之说。王阳明公然以"狂者"自居，不在乎天下人说他"行不掩言"，王夫之更盛赞狂者有人格尊严，其心不为物役，更不屑丧失人格尊严去求功名。这是一些不肯向权势者折腰的人，他们根本就瞧不起那些权贵，当然也就不会去对权势者们毕恭毕敬、趋奉逢迎。他们被人们说成是"行不掩言"，其实正是他们耳目心思旷达的表现。

张载说狂士之狂，是因为"大于我"的缘故。王夫之的看法则恰恰相反，他认为"狂士"或豪杰之所以可贵，恰恰就在于"有我"。他说："言无我者，亦于我而言无我尔。……我者，大公之理所凝也。"他认为，豪杰之士之"有我"不是"私"，不是对功名势位的追求。豪杰之士的"我"，乃是"以身任天下"的豪情壮志。豪杰之士"有我"，故有义；有义，故有勇。所以王夫之认为"义"与"勇"是豪杰精神最显著的特征。"义以生勇，勇以成义，无勇者不可与立业，犹无义者不可与语勇也。""无勇之夫，义不能固。"只有像豪杰之士这样有义有勇的非常之人，方能成就非常之功业。

豪杰之士自拔于流俗之中，特立独行，具有凡庸之辈所不具有的奇情豪气。无论是对于恋人，还是对于国家民族，豪杰之士都具有一往之深情，乃至于置身家性命和流俗之毁誉于不顾。这种人往往招致道学家之所谓"清议"的诽谤攻击。功业成就了要被攻击，倘若因"事异而时移"而不能成就功业，就更要遭到道学先生们的攻击了。而王夫之则热情地讴歌了豪杰之士"义有尤重，情有尤挚"、舍生忘死、置流俗之毁誉于不顾的精神，痛斥道学家之所谓"清议"为"流俗之论"，为"龊龊不足道"。

豪杰之士轻生死，重然诺，不仅一言为重百金轻，甚至慷慨捐躯而不恤。然而，中国自古就有所谓"士为知己者死，女为悦己者容"的说法，士人视有私恩于自己的君王为知己，犹如女人为宠爱自己的男人而以身相许，"士为知己者死"能否称为豪杰精神呢？中国历代都不乏"君之宠臣"为死去的君王殉死者，这些人可以称之为豪杰之士吗？王夫之答曰：否！他认为，仅仅因为君王对自己有恩而为之殉死是不足道的。真正的豪杰之士是有独立人格的人，而不是为君王所豢养、依附于君王的权势为生、舍此则无以处其生的奴仆。豪杰"生从道，死从义"，为了"天下之大公"的道义，遇必死而无所顾惜，而当可以不死之时，则勇敢地面对险恶的环境而坚强地生存下去。当其死，"与烟俱散，不荡其馥馥之馨"；当其可以不死，虽大势已去，"与灰俱寒"，亦当"不灭其星星之火"！遇逆境而悲观自杀，又有何难？难的是在险恶的环境中坚强地生，勇敢地生，坚信星星之火终有燎原之日！真豪杰必是这样一种为天下之大义而"力为其难"的人。

政 治 思 想

在16世纪至17世纪的中国,已经产生了批判君主专制、要求经济和政治改革、主张"工商皆本"的政治经济思潮。在这一思潮中,王夫之以其对从周文王以来近三千年君主专制主义的批判,对专制极权可以强国论的驳斥,对专制政治的非道德性的揭露,对"正统论"和"道统论"作为专制统治者"镇压人心"之具的本质之洞察,对以朱熹为代表的"申韩之儒"的抨击,以及对"生民之生死"高于"一姓之兴亡"的近代政治学原理和"行之以自然"的经济学原理的揭示,等等,反映了中国的旧政治和旧经济向着近代转型的历史进步趋势。

对君主专制体制的批判

王夫之的政治思想,肇因于对明王朝灭亡之教训的总结。明朝的灭亡,游牧民族的入主中原,对王夫之是一次极其巨大的刺激,于是"哀其所败,原其所剧",由此展开了对明王朝之所以覆亡的历史原因的追寻。通过对三千年中国政治史的考察,他清楚地认识到,明王朝的灭亡是三千年专制政治演化的必然结果,是专制政治危机的一次总爆发。

（1）文王立制："恃一人之耳目以弱天下"

王夫之《尚书引义》卷五中的《立政周官》一文，是一篇极为深刻地从政治上总结明王朝覆灭的教训、揭露和抨击从周文王到明太祖的专制政治体制的力作。

明太祖朱元璋为强化专制极权，废宰相，使内阁、六部皆无实权，由皇帝"乾纲独断"，主宰一切。这是在效法谁呢？王夫之告诉我们，他效法的是儒家的大圣人周文王。在周文王姬昌以前，夏商两代都有相，夏有相伯益，商有相伊尹，"盖周之不置相也，前乎此者无所因，而始之者文王也"。也就是说，只是从周文王起，中国才有了"取天下之经提携于一人"的绝对君权。周文王设三公论道，不过是徒有虚名，并无任何实权。这正如明王朝的内阁大学士们实际上不过是皇帝的秘书班子而已。

王夫之认为，周文王这样做实在是失大于得。其所谓得，无非是削弱了大臣们的权力，使其没有能力篡夺王位而已。对于周文王来说，维护王权的独占性乃是头等大事，其不置宰相的用心即在于此。然而，其流祸却也无穷："而其失也，则王臣不尊而廉级不峻，政柄不一而操舍无权，六师无主而征伐不威……乃使侯国分割，杀掠相仍者五百余年，以成唐、虞、夏、商未有之祸。"周文王历来被正统儒家看作不容批评的大圣人，是道统的传承者，而王夫之却如此非议文王，揭露其立制最终造成了春秋战国诸侯混战五百余年的惨祸。除了黄宗羲以外，这立论的胆识在当时几乎是无人企及的。

然而，还不止于此。批判周文王是为了批判"缘此而后世"代代相承的专制制度。王夫之感叹道："缘此而后世之以勤劳开国者，恃其精明刚健之才，师《周官》而一天下之权归于人主，禁制猜防，上无与分功，而下得以避咎，延及数传，相承以靡，彼拱此揖，进异族而授之神器……"这种"万方统于一人，利病定于一言"的高度集权专制的情形，以明朝最为典型。皇帝什么人都不信任，只信任宦官，乃至让他们"操政府之荣辱"；与此相反，大臣们则没有实际权力。这种体制使得坏人可以放肆地做坏事，好人想做好事也做不成。其结果是，贤者"相与为窳"，贵者"相与为偷"，不肖"以淫"，贱者"以窃"，"筋力弛，手足痹，目盲耳聋，心顽思短，异类之强者，其不乘短垣而逾之也乎？"在王夫之看来，专制统治者对臣民的禁制猜防，乃是导致明王朝灭亡、汉民族人民遭受异族侵凌的根本原因。

在王夫之的时代，就已流行着这样一种观点，即专制程度愈高则国力愈强，因而"以唐、虞为弱，而以家天下自私者为强"。王夫之的看法与此恰恰相反。他认为，专制的程度越高国力就越弱。他驳斥专制集权可以强国的谬论说，尧、舜以天下为公，并没有使中国为夷狄所征服。夏商周三代虽然是家天下，但由于实行的是分封制，"诸侯各勉于治"，也不至于使中国为夷狄所征服。周文王虽然想强化王权而不置宰相，然而，由于受到诸侯的制约，也不可能把所有的权力集中于他一人之手，诸侯们有比较大的自我发展的余地。以"仁莫切于笃其类，义莫大于扶其纪"的观点看，春秋五霸的兴起乃是有功于民族的；虽然周为六国所亡，但亡周的不是夷狄，而是周的子孙；六国为秦所亡，而秦乃伯益之子孙；秦为"三户之楚"所亡，而楚亦是帝尧之苗裔。总之，无论是春秋五霸、战国七雄，还是楚之三户，在王夫之看来，他们的先后崛起都是中国有力量、有人才的表现。

可是秦汉以后高度专制集权统治之下，不仅国是日非，而且人才也日益凋零。高度专制的结果，不但产生不了像春秋五霸、战国七雄、楚国三户那样的地方豪强势力，甚至像王莽、曹操、司马懿、刘裕那样有才能的乱臣贼子也没有！这种状况也正是后来龚自珍所猛烈抨击的不但左无才相，右无才史，廛无才工、市无才商，甚至连才盗、才偷也没有的状况。

（2）怒斥专制："销天下之才智，毁天下之廉隅"

中国传统的君主官僚专制社会号称实行"德治"，而实际情形却大都与此相反。真正的贤能者往往不是被杀就是被罢黜，而猥贱、凶顽的不肖者，则能被帝王引为心腹，身居高位。这种情形亦完全是家天下的君主专制制度所造成的。王夫之对此有很深刻的认识，他在《读通鉴论》卷七九中，借评述隋朝史事，揭露了专制帝王"欲销天下之才智，毁天下之廉隅，利百姓之怨大臣以偷固其位"的统治术，也深刻揭露了专制统治在其本质上的非道德性和危害性。

王夫之认为，造成小人当道的直接原因是君主嫉贤妒能。君主地位至高至上，操生杀予夺之权，为何还要嫉贤妒能呢？这看上去不可思议，然而却是事实。他说隋炀帝之所以要杀高颎、贺若弼，是由于他们的贤明，害怕他们受到百姓的拥戴；与此相反，隋炀帝对于虞世基、宇文述、高德儒这些猥贱之徒则是"委之腹心而不疑"，对耽淫嗜利、声名狼藉的凶顽之徒王世充"亦任之以土地甲兵之重"，原因就在于这些人都为舆论所不齿，没有人会拥戴他们。君主既仇恨品格高尚的人和有才能的人，重用阿谀奉承、吮痔舐痈、投机钻营、耽淫嗜利的猥贱之徒和凶顽之辈，所以真正有德有才的人在官场中就很难有容身之地，这就不能不逼人往邪路上走，以同流合污为保身之术和晋身之阶。例如，"唐高祖以才望见忌，几于见杀，乃纵酒纳贿，托于污行，则重任之以守太原，以为崛起之资"。

像隋炀帝这样忌贤能而任不肖，难道只是历史上个别君主的行为吗？王夫之回答说，不是，这是专制制度的本性，是专制帝王的一种统治术。他说专制制度的本性是要任用坏人，并且使好人也变成坏人，因此，既要维护专制制度，又要提倡道德人格，乃是绝对不相容的两回事。而正统儒家却硬要把这二者捏合在一起，于是就出现了王夫之所深刻揭露的上述两种情形：一是帝王既要引小人为腹心，重用小人，又必然要"伪为节制之容，饰以贞廉之迹"，以虚伪的道德言辞和装模作样的道德行为来欺骗不明真相的民众，借以掩盖其以小人治天下的真面目。而第二种方式，就是直截了当地杀戮和罢黜有才有德之人，越是有才智、越是德高望重、越能得到民众的拥戴者就越要杀，越是阉茸无能、昏聩无知、行为卑污者就越是要提拔重用，使学而劣则仕、德而卑则仕，这样就便于君主驾驭他们，民众纵有怨恨，也只是怨官员而不怨皇帝，如此君王就可以"偷固其位"了。

君主专制制度必然造成君主的极端自私自利和短视，"忌天下之贤而驱之以不肖"，其结果必然是"毒流天下"，导致身戮国亡的可耻结局。对此，王夫之感慨万分地写道："天下之恶，莫有甚于恶天下之贤而喜其不肖者也。"他认为君主的极端自私自利是家天下的专制制度所造成的，如果天下不是一家一姓之私产，君主也就无须处心积虑地采用卑污的统治术来稳固其位。君主既然极端自私自利，也就不可能作为道德楷模而在君子的队伍中受到拥戴，而只能作为小人之雄在猥贱凶顽不肖者的队伍中颐指气使、称王称霸。于是，唯恐官员们洁身自好而"择其不肖者以任之"的党同伐异，也就是必然的了。这种注定要排斥好人而任用坏人的制度造成了两种恶果：一是荼毒生民；二是危及自身。君主以为小人之心术与己相同，因而便于驾驭、可以信用，殊不知唯知利害而不讲廉耻和信义的小人其实是不足以信用的，一旦不再有利可图，平日的谄媚、逢迎、摇尾、乞怜就会刹那间变作面目狰狞的推刃相向，结果是私天下而不能保天下，私天下于一身而不能保其身，隋炀帝为宇文化及（宇文述之子）所杀即是显例。

（3）"以疑而能不召乱亡之祸者无有"

无论是周文王"恃一人之耳目以弱天下"，还是隋文帝"销天下之才智，毁天下之廉隅"都可以归结到一点上，即帝王为维护其一己之私而疑天下。王夫之通过考察历代兴亡成败之得失而指出，"以一人之疑敌天下"是极其愚蠢的统治术，中国历史上的一切篡弑、战祸、劫乱，乃至游牧民族之入主，几乎都是帝王以私天下之心以疑天下所造成的。

历代帝王为维护皇权的独占性必然疑天下。但其中亦有辨。汉高祖刘邦、晋武帝司马炎出于疑天下之心，而以为只有同姓可靠，故大封同姓以为藩卫；但汉有七国之祸，晋有八王之乱，证明同姓也靠不住，于是复疑同姓。王夫之认为，无论帝王是疑同姓，还是疑天下，其结果都是一样的，都会导致乱亡之祸。魏削诸侯，是疑同姓；晋授兵宗室，是疑天下；"疑同姓而天下乘之，疑天下而同姓乘之"，虽然受祸的情况不同，但同样都是受祸于疑。到了后来，在帝王的眼中，兄弟、臣僚、民众无不可疑。皇帝以一人之疑敌天下，却自以为可以用智谋来防备，简直愚蠢极了，但祸根却在私天下。皇帝享有那么多的特权，又怎能不使人生觊觎之心？于是帝王之疑愈甚，虽有忠臣而不能用；奸诈之徒觊觎之志愈切，借帝王疑天下之心以谋杀忠良，为篡弑扫清道路。如此恶性循环，使得一部中国政治史几乎就是一部维护皇权者与觊觎皇权者而争、而斗、而使用阴谋权术、而兴兵动武的权术争斗史。

宋朝皇帝对于臣民的猜忌防范又超过了历史上任何一个朝代。不仅猜忌武将，而且猜忌文人；猜防禁制的立法愈来愈严密，但徒以防君子，而不能防小人。王夫之对此论述得尤为详明。他说君主防范大臣的权术愈精，立法愈密，好人就愈遭殃，而奸佞之术则愈巧。君主自以为聪明，而实际上则是自取孤危，愚蠢得可笑。他认为宋朝得天下，靠的就是篡窃，陈桥兵变，黄袍加身。靠什么得天下，就对什么格外忌讳，因而最忌讳手握兵权的武将，制定出"猜防百忌"的很多法规。积弱既久，先有丧权辱国的澶渊之盟，后有徽、钦二宗被掳的靖康之难。好不容易出了岳飞、韩世忠等几位英勇善战的抗金将领，宋高宗又偏偏认为唯有"以文墨起家、孤身远至"的秦桧可以信任，不仅借他的手杀了岳飞，而且还解除了韩世忠等几位将领的兵权。秦桧虽是杀岳飞的主凶，但他执行的却是宋高宗赵构的旨意。按王夫之的观点推论，如今西湖岳坟前跪着的除了秦桧和王氏、张俊、万俟卨的铜像外，还应加上宋高宗，让他与秦桧之流一起受万民之唾骂！

政治体制改革方案的设计

在总结明王朝灭亡的历史教训、全面揭露和批判三千年专制政治体制之弊病的基础上，王夫之突破正统儒家纲常名教至上的思维方式的束缚，提出了具有初步民主色彩的政治改革思想。其中，"生民之生死"高于"一姓之兴亡"是其根本指导思想和出发点，以法律限制君主权力、实行分权制衡是政治体制改革的核心，"保其族，卫其类"，实现民族之振兴是其立论之归宿。

（1）君权"可继、可禅、可革"

王夫之"依人建极"的哲学思想包括多重含义。但从社会政治思想的视角看，"依人建极"首先是指人生存的权利。华夏大地是中国人生存的家园，人们生于斯，长于斯，劳作于斯，歌舞于斯，生息繁衍于斯，这种自然权利不依赖于"王者"，不以"改姓受命"为转移。然而，这些自然自在地生存着的人为什么要建立起国家、为什么要有"君长"呢？王夫之回答说，为了"自畛其类"，即为了人类自身的生存和发展。他认为正如人类要生存就必须防止兽类的侵害一样，华夏族要生存就必须防止夷狄的侵害，这就有了建立国家的需要。也就是说，人类只是为了自身的生存和发展才建立起国家，以维护自身的具有一定文明的族类生活；对于华夏族来说，其立君的目的也只是"保其类，卫其群"，使其不为文明程度落后的夷狄所侵扰和破坏。这一观点与西方近代自然法学派的学说有近似之处，所不同的是，由于以清代明所导致的民族压迫，王夫之所侧重的是人的族类生存的自然权利。

从人的族类生存的自然权利出发，王夫之突破了正统儒家把纲常名教、君臣大义看得高于一切的道德至上主义观念和绝对君权观念的束缚，鲜明地提出了"一姓之兴亡，私也，而生民之生死，公也"的命题，强调民族大义高于君臣之义，生民之生死高于一姓之兴亡，乃至"宁丧天下于庙堂，而不忍使无知赤子窃窃弄兵以相吞啮也"。这就使以往被看作至高无上的君臣之义退居次要的地位，从而凸显了人的生命和族类生存的至上价值。

从人的族类生存的自然权利出发,王夫之认为,只有能"保其类者"才能"为之长",因此,君权"可继、可禅、可革,而不可使夷类间之"。他以这一观点来重新评说历史,发出了许多在正统儒家看来简直大逆不道的惊世骇俗之论。例如《读通鉴论》说,即使桓温北伐中原而成功,篡夺了东晋王朝的皇位,也比拥戴游牧民族的军事首领为皇帝,使华夏族沦为游牧民族的奴隶要好;而腐儒们热衷于争权夺利的窝里斗,置民族大义于不顾,反而以桓温"志存乎篡"来阻止其恢复中原,且后世儒者竟对此毫无异议,岂不可悲?

他从东晋儒臣因桓温北伐遭枋头之败而幸灾乐祸,联想到宋代秦桧诛杀岳飞的事。他说秦桧"畏岳飞之胜而夺宋",所以才与宋高宗沆瀣一气杀了岳飞。对于宋高宗来说,秦桧是他的忠臣;而对于民族来说,秦桧乃是千古之罪人。他又说,岳飞是否一定能够灭金尚无十分把握;纵然能够灭金,又反转来伐宋,比起宋徽宗、宋钦宗被金人俘虏了去囚禁起来如何?比起后来南宋的末代小皇帝被蒙古人赶到海上、一老臣背小皇帝跳海自尽之事来又如何?晋宋两代的昏君奸臣皆置民族之大义于不顾,以其疑忌之心来阻挠豪杰之士恢复中原,都是把所谓君臣之义看得比民族大义还重的缘故。

（2）"君、相、谏官"三者"环相为治"

总结中国历史上的兴亡治乱，特别是明王朝灭亡的历史教训，通观历代政治体制设置之得失，为了防止政治腐败和社会动乱，王夫之主张实行分权制衡，即以权力来制约权力。通过借鉴唐代设门下省以封驳皇帝诏敕的政治设置，王夫之提出了"君、相、谏官"三者"环相为治"的改革方案。

君主的职权仅仅在于决定宰相的任免，包括对宰相的人选加以考察，任命宰相并赋予其实际权力，以及对不称职的宰相予以罢免，等。鉴于明朝废宰相而由君主独揽一切权力的严重弊端，王夫之强调，君主必设宰相而后可以治天下，一个称职的君主，必然为天下任命一位贤明的宰相。能否做到这一点，乃是衡量君主是否称职的主要条件。

宰相执用人行政之大权，其权重而责亦重：宰相要对宗社安危负责，要对用人贤奸与否负责，要对民众之生死负责。在他行使相权的时候，还要"弼正天子之忿"，即纠正君主的过失；同时，要根据自己能否真正对国家和人民负责，来考虑自己的出处去就。虽宰相的任免听之于君主，而宰相的权力亦构成了对君主权力的制约。有了宰相，就可以改变君主独揽一切权力的绝对专制局面。

谏官的设置，也是为了更为有效地制约君权。王夫之认为，谏官制约君权的职能主要表现在两个方面：一是在选择什么样的人为宰相的问题上制约君权；另一是可以协助宰相以纠正君主作出的错误决定。

王夫之认为，君主任命什么样的人为宰相至关重要。君主是人不是神，是人就具有人的一切弱点、缺点；且如果君权不受制约，君主是什么样的人，他就会选择什么样的人为宰相。因此，在这个问题上，设置谏官就极为重要了。王夫之指出，任用什么人为宰相取决于君主的喜好，甚至取决于君主私生活中的癖性，反正中国的无行士人总有那么一套揣摩逢迎、投其所好的本领，其毫无顾忌地献媚邀宠与寡廉鲜耻，竟到了以导淫为晋身之阶的地步。于是小人登用而君子废黜，出现了"天下不患无君子，而不能获上于所不好"的局面。王夫之又认为，虽然"天下不能无小人，而不能惑上于无所迷"，要使君主心如明镜而无所迷惑，只有谏官堪当此任。

谏官的职责，除了在任用宰相的问题上防止君主以一己之私择人以外，还在于代宰相行使其不便行使的职能，即对君主所下的错误诏敕予以封驳。王夫之重提唐代设门下省以封驳君主诏敕的方式，主张以封驳争论之权授予谏官，负责纠正君主的过失。谏官由宰相任命，以便其更好地发挥制约君主权力的职能。而不能像宋朝那样，宰相不能进用谏官，以至"宰执与台谏分为敌垒,而交战于朝廷"。他说明朝灭亡的原因之一就在于"政府谏垣不相下之势",谏官被皇帝用来钳制内阁六部了。

这样,王夫之就设计了一个"宰相之用舍听之天子,谏官之予夺听之宰相,天子之得失则举而听之谏官,环相为治"的权力制衡机制。他认为只有这样,才能使宰相之任用真正得人,君主之过失及时得到纠正,从而能切实做到对君权有所限制。虽然由于历史的局限,王夫之不可能提出完全现代意义上的分权制衡方案,但"君、相、谏官"三者"环相为治"的改革方案,也与顾炎武、黄宗羲提出的旨在分权制衡的政治方案一样,成为中国政治学说逐渐开始其近代化转型的一个显著标志。

(3) 对"虚君共和"的向往

中国历史上改朝换代,或通过暴力夺取政权的途径,或通过宫廷政变的方式,总不能避免流血和诛戮。即使在同一朝代的延续过程中,在老皇帝去世、新皇帝尚未登基之际,也不免人心惶惶,唯恐大乱将至;倘新皇帝年幼,又不免出现权臣专擅或群臣纷争的局面。而在现代法治国家,不但政党轮替不会发生社会动乱,即使一年之内多次内阁更替,社会生活也依然有条不紊。其奥秘何在?四百年前的王夫之虽然不可能完全预见到现代法治国家的一整套政治运作规则,但他却能够通过总结中国历史上兴亡治乱的教训，意识到国家长治久安的关键在于"预定奕世之规，置天子于有无之处"。这一观点与现代"虚君共和"的君主立宪制度的根本精神确乎是相通的。

王夫之是借晋明帝托孤之事来阐述他这一政治见解的。他说，在老皇帝去世，而新皇帝尚且年幼的情况下，如果国家有一套健全的法制，且治国方略不因皇位的递嬗而有所改变，那么，无论皇帝是长是幼，是智是愚，都无妨大局，更没有必要为年幼的皇帝设辅政大臣了。由此引申，王夫之进一步阐发了他带有"托古改制"意味的改革主张。他说："夫古之天子，未尝任独断也，虚静以慎守前王之法，虽聪明神武，若无有焉，此之谓无为而治。守典章以使百工各钦其职，非不为而固无为也。诚无为矣，则有天子而若无；有天子而若无，则无天子而若有。"因此，他主张"预定奕世之规，置天子于有无之处，以虚静而统天下"。

这里所谓"有天子而若无"，实际上是说法律的权威大于君主的权威，大家都服从那至高无上的法律，君主也不能例外。于是，君主再也不能言出法随，再也不能以言代法，再也不能唯辟作威、唯辟作福，自然也就出现"有天子而若无"的局面了。而所谓"无天子而若有"，则又更进了一步，因为他想到了无天子的情形。只要有至高无上的法律，依法治国，即使没有皇帝，行政、司法以及整个社会生活依然可以正常运行。因此，在王夫之看来，国家长治久安的关键在于法治。有了法治，就既可以做到"有天子而若无"，避免绝对君权荼毒天下，也可以做到"无天子而若有"，即使没有君主亦能保持政令统一、社会稳定和民族的凝聚力。

总结宋亡于蒙古族、明亡于清的历史教训，王夫之认为帝王将天下之权收之一己是导致汉民族不能自固其族类的根本原因。所以他强烈地抨击帝王的私天下，揭露帝王视天下为一己之财产，"以一人疑天下"，使得地方政府没有任何实权，加以上上下下关节横生，互相掣肘，造成"形隔势碍，推委以积其坏"的局面。在这种情况下，一旦外族入侵，根本就不能组织有效的抵抗。因此，他大声疾呼要"大反孤秦陋宋之为"，打破专制主义的私天下。为此，他提出了两大主张。一是分权而治，"分兵民而专其治，散列藩辅而制其用"，扩大地方政府的权力。他认为，秦废封建而立郡县，固然是顺应时代的要求，但随着时代的推移，高度集权的绝对君权已不适应民族生存的需要了。要使民族在遭遇外敌入侵时能组织有效的抵抗，就必须实行地方自治，赋予地方政府以经济、政治和军事上的实际权力。

二是以法律来制约君权，并制裁君主的不法行为。为了治理官场上贿赂公行的腐败风气，王夫之认为，首先必须从制止君主接受百官的贡奉做起，"推此而定上下之章"；"司宪者，秉法以纠百职，百职弗敢衰也；奉使巡宣者，衔命以巡郡邑，郡邑弗敢黩也"。如此，方可以收"君子之廉以奖，而小民之生以遂"的效果。在这里，王夫之强调，不仅百官要守法，君主也要守法，"自天子始而天下咸受其裁焉"，法律才能真正起到保护民众利益、防止政治腐败的作用。

论人治与法治

王夫之的法治思想，具有突破特权人治传统的进步意义：他批判了孔子专门针对民众而言的"宽猛相济"的主张，提出了"严以治吏"的主张；他严厉批判了以朱熹为代表的申韩之儒以"道德"的名义恢复上古肉刑的主张，力主废除以非人道的方式对待罪犯的专制酷刑，如此等等，都能反映出现代法治重在防止官员犯罪、法律至上和以人道的方式对待罪犯的基本精神。

（1）"*严者治吏之经，宽者养民之纬*"

中国正统儒家的政治思想，历来主张以所谓"宽猛相济"的手段来治理民众。这一政治主张是孔子最先提出来的，后世专制统治者以此为"不易之常道"。对此，王夫之提出了质疑和批评。他认为，所谓"民慢则纠之以猛"之说，乃是"矫枉过正"，即走极端的方法，足以造成对民众的摧残,等到"残则施之以宽"时,"伤物者多矣"的恶果已经造成了。因此,所谓"宽以济猛,猛以济宽"之说其实还是把统治者的个人意志置于法律之上,是对法律的公然蔑视和践踏,是不可以为"不易之常道"的。

王夫之把原先针对同一对象(民众)的宽猛问题,转化为对什么人当宽、对什么人当严的问题,即对不同的对象分别应采取何种态度的问题。对此,王夫之鲜明地提出了"宽以养民、严以治吏"的主张。他说:"宽之为失,非民之害,驭吏以宽,而民之残也乃甚。"他以汉末的社会状况为例,要人们看一看那些横行霸道、作威作福者究竟是些什么人;看一看人民遭到荼毒的何种悲惨处境。身为君子者,面对民众的这种境况,当为之哀痛,"而何忍言猛乎"!当社会腐败、危机四伏之际,以"猛"的手段来对付民众,不但为君子所不忍,而且是找错了对象。一个健全的社会,当宽以养民,严以治吏,而不应仅仅针对民众讲什么宽猛相济。他说:"严者,治吏之经也;宽者,养民之纬也。并行不悖,而非以时为进退者也。"也就是说,在任何时候对官吏都要严,任何时候对民众都要宽。

王夫之看到,在中国传统社会中除了极少数大贤大德的人以外,官员中几乎没有不贪污的,历代王朝并非不惩治贪污;然而,其惩治贪污通常是针对下级官员的,对于高级官员的贪污，如果没有特殊的原因则置之不问。王夫之认为这是亡国之道，根本没有抓住惩贪的关键，亦是"法之不均"的表现。他说："严下吏之贪，而不问上官，法益峻，贪益甚，政益乱，民益死，国乃以亡。"惩治贪污的下级官吏，固然可以平得老百姓的一时之愤，因为他们只知道这些下级官吏是直接对他们实行虐取的人，而不知道他们不过是那些贪婪的高级官员的鹰犬。他们虐取于百姓的财物，除了奉献给上司外，自己所得并不多。他们之遭到惩罚，在相当大的程度上是代高级官员受过，这正是法律面前不能人人平等的表现。对于那些贪暴的大官来说，除去了某些鹰犬，还可以有新的鹰犬来为他们敛财。高官既有不受法律制裁的特权，因而其贪污也就愈加肆无忌惮，人民的苦难也就愈加深重。因此，惩治贪污的关键"惟严之于上官而已矣"。

由于中国传统社会实行的是专制主义的特权人治，立法的基本精神是为了防止人民"犯上作乱"，所以有所谓"礼不下庶人，刑不上大夫"之说。王夫之坚决反对历代专制统治者秉持的这一施政方针，认为这种说法是以礼待达官显贵，而专以刑来对付老百姓，"不足以语王道"，亦不知"政本与礼意"。因此，应该把"礼不下庶人，刑不上大夫"的说法颠倒过来，即："王者之法，刑尤详于贵，礼必逮于下。"就是说，法律要更多地对达官显贵说不，而不是相反；

至于礼，则应使之普及到下层民众中去，让民众自治。他认为这才称得上是"王道"。

近代国家法律的制定，重在防范统治者侵犯人民的权利，强调对政府官员的法律约束，因而与此相关的法律条文规定得特别详细，这体现了现代民主政治以保障公民权利为第一要义的精神。王夫之虽然还达不到这样的思想高度，但他反对传统的"刑不上大夫"的特权人治，强调"刑尤详于贵"的必要性，致同情于在专制主义的严刑峻法下"生而致之死"的广大民众，应该说这是一种极具人民性的思想，也似应看作中国传统的政治法律思想悄然开始其近代化转型的一个重要表征。

（2）对专制法典及"申韩之儒"的批判

中国传统的专制法典的特点是"酷"，唯其残酷，所以凡是想减轻或免遭其荼毒者，不得不向官员及其下属行贿，因而有"贪"。酷与贪既是社会的两大毒瘤，但同时又是专制制度的两大支柱。二者互相依存：官员要贪，故不能不酷；既已酷矣，贪亦由此得济。对此，王夫之有很深刻的认识，他说："酷风衰止，贪亦无以济矣。"

然而，与一般的贪官污吏不同，世上偏有那么一批"君子儒"，他们也许并不贪污，但其残酷却不亚于普通的酷吏，他们打着的是堂皇的道德旗号，但却在道德的旗号下干伤天害理之事。对此，王夫之作了很深刻的揭露。他说："自宋以来，为君子儒者，言则圣人而行则申韩也，抑以圣人之言文申韩而为言也。……吾闻以闺房醉饱之过掠治妇人，以征士大夫之罪矣。吾闻其闻有赦而急取罪人屠割之矣。非申韩孰与任此。"这里所举的两条证据，都是朱熹的所作所为。

淳熙九年（1182），朱熹巡按台州，下车伊始，就夺了知府唐仲友的官印，并对官妓严蕊严刑拷打，强迫她承认与知府有奸情。严蕊备受笞楚，但终不肯承认。她说："身为贱妓，纵与太守有滥，罪不至死，但不欲为妄言以污君子，有死不能也。"王夫之在《尚书引义》卷一中，论及申韩之儒"重毒天下"时，又再次提及此事，明确认为朱熹难辞"锻炼钳网"以入人之罪的名声，亦"欲辞申韩之过而不得"。

绍熙五年（1194）六月，太上皇宋孝宗去世。七月，光宗退位做太上皇，宁宗赵扩即位，大赦天下。当时朱熹正任知潭州荆湖南路安抚使。为了推行其以严刑、重刑使人们"耸然不敢肆意于为恶"的政治主张，他竟抢在宁宗登基赦书下达之前，从狱中取出"大囚"十八人，"立斩之"。

王夫之进一步揭露了宋儒为专制统治者设计的治国方略与申韩之术其实并没有什么不同。"画之以一定之法，申之以繁重之科，临之以愤盈之气，出之以戍削之词，督之以违心之奔走，迫之以畏死之忧患……不率，则毅然以委之霜刃之锋。"专制统治的唯一诀窍就是使人畏惧，宋儒和申韩都熟谙这一秘诀，他们打着"使人履仁而戴义"的旗号，在道德的旗号下做伤天害理的事情，但他们所共同缺少的就是那么一点"不忍人之心"。朱熹反复强调要以严刑、重刑治天下，也就是王夫之所揭露抨击的"迫之以畏死之忧患"。王夫之告诉我们，自从宋代出了这一批申韩之儒以来，"后世天下死于申韩之儒者积焉"。这是对程朱理学"以理杀人"的极为沉痛的控诉。

在揭露宋儒乃"申韩之儒"的同时，王夫之更对宋儒程颐、朱熹等人津津乐道并力主恢复的肉刑提出了义正词严的谴责。在肉刑中，朱熹最重视的是宫（**男阉割**、**女幽闭**）、剕（**剁脚**）二刑，认为只有恢复这两种刑法，才可以"绝其为恶之本"，合乎"先王之意"，适应"当世之宜"。王夫之指出，这岂是仁人君子所能说得出口的话！他认为肉刑其实并非是所谓"圣人以君子之道待天下"，而是"以止恶之法增其恶"。他要那些主张恢复肉刑的儒者们看看专制王朝的法庭已经黑暗到了什么程度：虽然已经废止了肉刑，但"刀锯之外有杀人之具焉"。对于如此残忍黑暗的专制暴政，"有不忍人之心者，损之不及，而复欲益以刀锯乎"？

王夫之之所以坚决反对恢复上古三代的肉刑，不仅在于其残忍,更在于他清醒地看到,纵然是比古代肉刑更残忍的刑罚,都不可能起到止恶的作用,反而会滋长世间的残忍之风。在现代人道主义者看来,即使是罪犯也应以合乎人性的方式来对待。以非人道的方式待人,只能使自己也降到了人之所以为人的底线以下而沦为禽兽;以非人道的方式待人,非但不足以止恶,只能使受虐者对社会产生更为仇恨和报复的心理,使善良之人受此残忍风气之熏染而逐渐泯灭其对于同类的恻隐之心,使残忍的风气更为盛行。朱熹之所谓"以其人之道还治其人之身"的说法,"对恶人怎么做也不过分"的思维方式,应从中华大地上彻底消失。

关于"正统"与"道统"及其他

王夫之的政治思想,在论说政治权力的合法性来源、君臣关系和对待民众的态度等问题上,也有许多进步思想因素,突出表现在对神化专制权力的"正统论"的批判、对"道统论"实质的深刻揭露、对所谓"民岩"的系统分析等方面。

(1)"天下非一姓之私"——对"正统论"和"道统论"的批判

讲到政治思想,总有一个不容回避的尖锐问题,即政治权力的合法性来源的问题。正统儒家以"君权天授"的"正统论"来论证皇权的天然合理性，董仲舒上承邹衍的"五德终始说"而提出"三正三统说"，以此论证君权天授；朱熹继承传统的"正统论"并加以发展，认为"只天下为一，诸侯朝觐，狱讼皆归，便是得正统"。这就是鲁迅所批判的那种"抢得了天下的便是王，抢不到天下的便是贼"的逻辑。

对于历代正统儒家津津乐道的"正统论"，王夫之针锋相对地指出，"正统论"乃是"非君子之所齿"的邪说。他说正统之论始于邹衍的五德终始说，这种学说在历史上徒然作了乱华的夷狄、篡窃之君主证明其"欲自跻于帝王之列"的合理性，并神化其统治权力的灵光圈，其实他们又有何"德"之可言。"勿论刘、石、慕容、符氏不可以德言，司马氏狐媚以篡，而何德之称焉？"针对朱熹等人鼓吹的所谓"以混一为主"的正统论，王夫之批评说，按照这一说法，抢得了天下的便是王，那么，无论什么民族来统治中国，也无论采取什么卑劣的手段抢得天下，便都可算得上是所谓正统了，这是很荒谬的。

与"正统"相联系的是所谓"道统"。"道统论"是专制主义的理论基础，是专制王朝实行其思想统治、"裁判异端"的政治工具。王夫之指出，那些言必称尧舜之道的"学者"和"治者"都不过是借道统之名而自我神化，并非真知尧舜之道，而是别有所图。"故学者之言学，治者之言治，奉尧、舜以为镇压人心之标的；我察其情，与缁黄之流推高其祖以树宗风者无以异。"他指出"道统论"乃是帝王及其仆从"镇压人心"、实行思想文化专制主义的工具；而韩愈杜撰"道统论"，以尧舜为儒家之祖师，与佛教禅宗讲灵山之会如来付法于迦叶、道教将其祖师追溯到二仪未分时的元始天尊，乃是同一种自我神化的手法。他说韩愈又何尝知道尧舜所传何道，讲道统不过是自夸其说而已。何况对于尧舜之道，"孔孟之所称述者不一，定以何者为尧、舜之治法哉？"即使尧舜也不认为他们的治道是十全十美的，因此，"求一名以为独至之美，求一为以为一成之例，不可得也"。

针对二程、朱熹所鼓吹的一线单传的"道统心传"或"孔门传授心法"，王夫之认为，这完全是无中生有的杜撰。他说："古今此天下，许多大君子或如此作来，或如彼作来，或因之而加密，或创起而有作，岂有可传之心传，直指单传，与一物事教奉持保护哉！"他根本否认有所谓直指单传、教人奉持保护而不失堕的"孔门传授心法"，这既是对程朱理学精致化的道统论的有力批判，而且也在实际上承认了思想的多元性。

（2）"君之是不是，丝毫也不可带过"——论不可以事父的态度事君

中国传统社会的基本结构是家族制的农业经济组织。而

建立在此基础上的君主专制主义的政治上层建筑和意识形态，则是父权家长制和家族伦理的扩大和延伸。"父为家君，君为国父"，成为正统儒家的基本政治伦理信条。宋儒为强化政治伦理，更将这一信条推到极端。李延平作为朱熹的老师，讲"天下无不是底父母"，于是便有朱熹引而申之，讲"臣子无说君父不是底道理"；朱熹既如此说，于是便有他的学生陈埴出来讲"天下无不是底君"。在朱熹那里，臣子不能说君父的不是，但君父是否有不是则是另一回事；但陈埴则认为君无不是，一切正确，绝对正确，永远正确。

对于宋明理学家讲"天下无不是底父母"，进而宣扬"天下无不是底君"的谬说，王夫之提出了严正的批评。他认为，朱熹的老师李延平讲"天下无不是底父母"，全从天性之爱立论，但却失去了"陈善闭邪"之义。陈埴由此引申出"天下无不是底君"，更是全不懂得君臣关系的特殊性，其弊病乃在于引导人去当不分是非的庸臣。须知君臣关系与父子关系不同。父母有不是处，谏而不听，生为人子者不可以抛弃父母。君臣之间则不然，"君之有不是处，谏之不听，且无言易位，即以去言之，亦自须皂白分明"，"道合则从，不合则去，美则将顺，恶则匡救。君之是不是，丝毫也不可带过，如何说道'无不是底'去做得"！

王夫之看到，有"天下无不是底君"的观念，主张臣应曲从君主的，又岂止是陈埴这样的小儒，唐宋大儒如韩愈、朱熹又何尝不是如此。朱熹说："韩退之云：'臣罪当诛兮，天王圣明。'……看来臣子无说君父不是底道理。"对此，王夫之亦作了严正的批评。他认为，如果周文王明知商纣王之恶，却心口不一地讲什么"臣罪当诛兮，天王圣明"，那就是王莽式的以假仁假义掩盖其篡弑之心的行为了。王夫之坚决反对以事父的态度事君，强调君臣之间也要分是非、明黑白、讲道理，正是独立人格、主体意识觉醒的表现。

（3）"民本非岩，上使之岩"——对"民岩"的系统分析

王夫之政治思想的合理因素还突出地表现在他对人民群众的态度上，特别是表现在他对"民岩"的系统分析中。

"民岩"一词，出自《尚书·召诰》："王不敢后，用顾畏于民岩。"这是召公对周成王说的话。"岩"字本义为积石高峻貌，引申为僭越、险阻。"畏于民岩"就是畏惮民众僭越、民情险恶而难于治理的意思。今本《辞源》释"民岩"为"民众中的不同意见"，亦可备一说。专制统治者总是畏惧民众有不同意见，害怕民众反抗其统治，因而视民为岩，借助于那些"帮忙"文人为其制造治民之具、防民之术、诱民之道。

王夫之不赞成"民岩"说，他说民众与统治者本是"同

气同伦而共此区夏"的人，统治者与民众的关系本应是"相依以立"的关系，为什么统治者要对民众"畏之如岩"呢？他又说："民本非岩，上使之岩。"这是说民众之所以会成为"岩"，全是统治者造成的。就其提出的"民本非岩，上使之岩"这一命题来说，这是对于三千年专制政治理论的一大翻案，无疑是正确的，值得肯定的。

明清之际的启蒙学者如黄宗羲、唐甄等都把批判的主要矛头指向皇帝，认为君为天下之大害，而王夫之别具卓识之处，就在于他不仅看到了贪暴之君的罪恶，而且看到了整个专制官僚政治体制"重敛以毒民"的罪恶。他以唐末的情形为例，指出那些地方官吏，几乎无一不是贪暴已极的土皇帝。"是纵千百暴君贪主于天下，而一邑之长皆天子也。"他说那些官吏们俸禄并不多，可是其生活却穷奢极欲，其财富来源"无往而非胁之以剽夺"，逼得人民求死易而求生难。在这里，王夫之不仅为我们揭示了唐末农民战争的根源，而且深刻地揭露了中国传统社会皇权官僚专制主义的政治体制"重毒于民"的制度性腐败暴虐和官逼民反的真实状况。

经 济 思 想

三千年中国君主专制主义得以长期延续的奥秘之一，就是行政权力直接干预社会经济运作；而一切近代经济学说的根本特征，就在于使社会经济运作最大限度地摆脱行政权力的直接干预，使经济得以按其发展的自然规律运行。王夫之的思想在使社会经济运作摆脱行政权力的过多干预上迈出了关键性的一步，正是在这一点上，我们认为，他的经济思想与传统的经济学说之间划出了一道比较明显的界线，从而初步具有了近代经济思想的特征。

论社会经济生活的自然规律

王夫之论经济运作，鲜明地提出了"上之谋之不如其自谋"的命题，并对此作了颇有说服力的论说。他说，人没有不自谋其生的，如果由政府来为民众谋生计，把这一切都强行纳入政府计划，就会使人们"弛其自谋之心"，且"夺其治生之力"，势必导致普遍贫穷甚至连温饱都难以维持的状况。因此，王夫之坚决反对由政府制订统一的经济计划来支配人们的经济行为，认为行政权力干预社会经济运作只能使民众生计愈蹙，主张让人们自谋其生，自由地发挥其治生之力，让每一个人都去追求他们的私人利益。这样，以"天地之大、山泽之富"，皆"宽之于公"，就不必担忧人民无以自给。把每一个人"自谋其生"的权力还给个人，正是王夫之经济思想的近代诉求。

"上之谋之不如其自谋"只是一个抽象的经济学原则，对此，王夫之还有许多具体的论述。他反复强调，社会经济生活自有其内在的自然规律，应该让这种自然规律充分发挥作用，只有"陋儒之妄"，才会迷信权力可以支配一切，可以对人民的生产活动和社会经济生活任意发号施令；而这样做的结果，只能给人民带来灾难。他认为农民受其经济利益的驱动，自然知道把地种好，不需要统治者来强迫命令瞎指挥。这就是农业生产中的"行之以自然"的"道"，也是社会经济生活中的"道"；而以行政命令来干预经济生活，甚至用刑罚来惩治那些不服从其瞎指挥的民众，就是"贼道"，就会"害及天下"。

从"上之谋之不如其自谋"的观点出发，王夫之对农业生产中"合作均收"的制度亦持坚决反对的态度。朱熹在《论语集注》中言及周代的"彻法"时说："同沟共井之人通力合作，计亩均收。"这实际上是朱熹的一种托古改制的空想。对此，王夫之予以痛驳。他说所谓"彻法"，即所谓"彻田为粮"，乃是"言赋税之法，非言民间之农政也"。他认为只有让农民"自耕而自入"，才能激发其生产的积极性。如果强制推行合作均收的制度，必然造成"惰者得以因人而成事""奸者得以欺冒而多取"的状况，导致大家的生产积极性都调动不起来，"彼此相推，田卒污莱"不收粮食而收草的状况，其结果只能是谚语所说的"共船漏，共马瘦"，即大家都乘坐在一条破漏的船上，大家都共有一匹瘦马，共同贫穷，普遍贫穷。因此，合作均收之制乃是"理所必不可"之事。

中国传统社会经济运作的一个重要特征，是专制政府通过匠籍制度对手工业工人实施超经济强制的奴役，凡被列入匠籍者，就必须世世代代为官府服役。明代中期以后，虽然实行了"以银代差"的匠籍制度改革，但并没有废除匠籍制度，代役银依然向世代具有匠籍的人征收。对于这种反映中世纪经济关系的制度，王夫之作了尖锐的批评，主张彻底废除这一超经济强制的制度，以雇佣劳动制代替匠籍制，根据工匠的技术水平和工作之难易给以不同的工资待遇，并且彻底革除在以往的匠籍制度中对工匠所实施的超经济奴役的积弊。这样，就可以使原先官府与工匠之间的超经济强制的关系转变成为雇主与雇工之间纯粹的经济关系，使中世纪义务转变而为近代式的为工资或金钱而出卖技艺或劳动力，从而使手工业劳动者从原先的工奴或"准工奴"的枷锁中解放出来。

行政权力不正当地介入社会经济生活，还表现在官商勾结垄断市场物价上。为了打破这种垄断，王夫之主张打破地界限制，让商人自由地进行贸易，自行定价，官府不得干预。至于价格的高低，自有市场这只看不见的手在起作用。"此方挟乏以增价，而彼已至，又惟恐其售之不先，则踊贵之害亦除。"只要是自由的竞争，没有官商勾结垄断价格，物价自然会低廉，百姓亦可免受物价腾踊之苦。当然，对于商人来说，商品贸易的自由竞争中肯定有盈利者，有亏损者，有成功者，有失败者。王夫之认为，这是正常现象，自由竞争本来就是要较量智力的捷钝。"相所缺而趋之，捷者获焉，钝者自咎其拙，莫能怨也。"这里所表达的自由竞争的经济思想，简直完全与近代的市场经济理论同调！当然，王夫之也不是绝对拒绝经济生活中的任何政府行为。丰年谷贱伤农、荒年奸商坑民，就是一个需要政府采取"权宜之法"予以调节的问题。

总之，在王夫之看来，政府愈无为，市场就愈有为；政府干预愈少，市场也就愈繁荣。这是老庄道家随顺自然的"无为"思想在新的历史条件下的发展和在社会经济生活中的运用，同时又与17世纪英国古典政治经济学家亚当·斯密关于自由竞争的资本主义市场经济理论在基本立论上具有一致性，是王夫之经济思想中值得珍视、具有现代性的理论资源。

论保护和促进商品经济之发展

王夫之的经济思想所具有的近代性质，还表现在他具有保护和促进商品经济发展的思想。他认为商品经济乃"立国之资"，提出了"大贾富民，国之司命"的观点；反对专制主义的超经济掠夺对商品经济的摧残，提出了"惩墨吏，纾富民"的主张；批判专制统治者的闭关"自困之术"和利用关卡"暴虐商旅"的行为，主张打破地区间的贸易壁垒，保护商民利益和促进商品流通；反对传统积聚的财富"置于无用之窖藏"、以贪吝为"节俭"的观念，提出了与"奢能致富"的近代经济学说近于一致的思想，主张鼓励和刺激消费，以促进市场的繁荣和裕国富民之政策的实施。

首先，纵观晚明商品经济蓬勃发展的形势，王夫之敏锐地意识到中国社会行将进入一个"大贾富民，国之司命"的时代；同时，目睹专制政权对商品经济发展的摧抑，王夫之又鲜明地提出了"惩墨吏，纾富民"，以保护商品经济发展的主张。他看到，专制统治者对于贫苦民众的掠夺并不能满足其贪欲，遂以"锄豪右"为名，把大贾富民作为掠夺的主要对象，这样既可以获得道德的"显名"，又可以得到巨额财富的"厚实"，以致严重地破坏了社会经济发展的正常秩序。有明一代，专制统治者对大贾富民肆意榨取掠夺，在人民的私有财产根本没有保障的情况下，谁还会去努力发展生产、勤劳致富呢？所以王夫之坚决主张"惩墨吏，纾富民"，即严厉打击那些以"锄豪右"为名、行敲诈勒索掠夺财富之实的贪官污吏，保障大贾富民的合法利益以利其开展正常的经济活动。

适应商品经济发展的要求，王夫之主张打破地区之间经济贸易的壁垒，撤销阻碍商品自由流通、"暴虐商旅"的关卡。他说四海之内，有分土而无分民，行政区域的划分不应成为限制商旅自由贸易的障碍。商人来往于不同地区之间，通天下之物产，完全没有必要在国内各行政区域之间设立关卡。他说古代在山川险要之处设关，是为了防止盗匪路霸劫掠行商的货物钱财，保护商人的安全，即所谓"止暴而安商"；而如今的情形却是暴君借关卡以横征暴敛，贪官污吏借关卡对商民巧取豪夺，盗匪路霸借关卡险隘处对商民敲诈勒索，关卡之设立遂成为社会的一切恶势力共同来"暴虐商旅"的一大弊政，严重侵害了人民理应享有的生命权、财产权和经济生活的自由权利，破坏了商品经济的发展，所以王夫之坚决主张革除这一专制弊政，鲜明地提出了"可无用关"，纵然设关亦当以"止暴而安商"为目的之主张。

对于禁止"国"与"国"之间的商品流通的闭关自守政策，王夫之尤为反对。他批评闭关自守乃是隐伏着严重危机的"自困之术",认为只有发展"天下交相灌输"的自由贸易才能满足人民的物质生活需要和立国所必需的物质储备。他把"国"与"国"之间的商品贸易上升到"立国之资"的高度来认识,肯定商品贸易乃是裕国而富民的根本途径,力主变"闭关"为"通市",允许民间开展正常的对外贸易活动,以利国惠民。他把实行经济上的对外开放政策提到"仁"与"智"的高度来认识,认为"择术之智,仁亦存焉",主张以"视敌国之民犹吾民"的仁者胸襟,以视"敌国之财皆吾财"的气魄和智慧,来发展平等互利的对外经济贸易活动。这在当时是十分开明而进步的议论。

"均天下"的理想

明王朝首先亡于农民起义,其次才是亡于趁火打劫的清。农民起义的根源是贫富两极的严重分化和统治者的横征暴敛。这一严酷的事实促使王夫之思考中国的农民问题,特别是关系农民生计的贫富两极分化、土地兼并和负担过重的问题。在深入思考的基础上,王夫之提出了"均天下"的经济社会理想。他所讲的"均天下"的"均",是社会经济生活按其自然法则运行而达致"均衡"的意思。

首先是要解决农民的土地问题。王夫之说:"若土,则非王者之所得私也。天地之间,有土而人生其上,因资以养焉。有其力者治其地，故改姓受命而民自有其恒畴，不待王者之授之。"这是一个要求土地私有权的宣言。中国自古以来通行的是"普天之下，莫非王土"的金科玉律，皇帝是全国土地的最高所有者。历代的帝王更以此为理由来任意剥夺和侵占人民的土地，朱明王朝众多的王爷们占有的土地数目更是大得惊人。而王夫之则认为，土地不是帝王的私产，拥有土地"因资以养"是人民与生俱来的自然权利，应该遵循"有其力者治其地"的原则来保障人民"自有恒畴"的合法性。既然土地并非帝王的私产，所以王夫之强调帝王不得侵犯人民的土地所有权。他说："王者能臣天下之人，不能擅天下之土。""王者虽为天之子，天地岂得而私之，而敢贪天地固然之博厚以割裂为己土乎？"这是对皇权专制主义的有力批判。

然而，怎样保证每一个自耕农都有其"恒畴"呢？怎样抑制土地兼并这一历朝历代的不治之症呢？

首先是改革不合理的赋役制度，变以田亩计赋役为"以夫计赋役"。他称这种做法为"定民制"，为"劝农以均贫富之善术"。他认为实行"以夫计赋而不更求之地"的制度的主要好处是：使勤于耕作者不因其收获多而增加赋税负担，使懒惰者不能因弃地而免去赋税，从而使农民珍视他们祖祖辈辈耕种的土地，"各保其口分之业"而"各劝于稼穑之事"。农民自己珍视其赖以活命的土地了,强豪者又怎能肆意侵夺呢?因为大家都有土地,都努力耕作,那么贫富差距就不可能很大,所以王夫之说这是一种"均贫富之善术"。

其次是严禁基层官吏对农民的盘剥。王夫之最痛恨那些直接对农民进行盘剥的贪官污吏和充当他们爪牙的"猾胥里蠹"。实际上国家规定农民应上缴的赋税额是极为有限的,据黄仁宇先生在《万历十五年》一书中的考证,明朝廷规定农民应交的税额还不到农民收入的十分之一。但基层官吏对农民的盘剥却非常厉害,所以王夫之坚决主张制止官府和吏胥对农民的欺凌和盘剥,强调一定要"惩有司之贪",禁止横行于农村社会基层的专制暴行。他认为朝廷制定的合理赋役制度要与打击贪官污吏结合起来。只有前者而没有后者,朝廷关于减轻农民负担的良法美意就会成为一纸空文;二者结合起来才能真正减轻农民的负担,使农民"不畏有田",从而可以有效地抑制土地兼并。

至于因"智力"差别而造成的土地兼并,王夫之就不主张采取任何行政干预的手段,而主张听其自然。他认为对于这种情况的行政干预,只能是"芟夷天下之智力,均之于柔愚","是仁义中正为帝王桎梏天下之具",其结果只能是束缚生产力的发展。自然界的气化之盈虚有其规律,人世间贫富之代谢亦是无常,对于因智力的竞争而造成的贫富差距,只能靠"贫富代谢之不常"的经济自然法则去调节。当然，王夫之也讲到了道德上的"仁"与"恕"，以缓和贫富之间的矛盾冲突。

王夫之认为，去除了不合理的赋税制度和贪官污吏的敲诈勒索、以权谋私，经济运作就可以按其自然规律运行。虽然因人的智力存在差异而不可避免地会产生贫富差距，但人的智力差异毕竟有限，光凭智力不可能使贫富过于悬殊，因而总能达致某种均衡；何况在智力的竞争中，只要没有权力的干预，就不可能贫者总是贫、富者总是富。竞争既然是公平的，那么就谁也没有怨言。加上道德的"仁"与"恕"的调节贫富矛盾的作用，社会就可以在这既均衡而又充满竞争的生机和活力的状态中得以"日新而不滞"的发展。

文艺美学思想

王夫之的文艺美学思想是对中国传统文艺美学思想的批判总结。他对美的根本性质和文艺审美的许多重要问题，都从哲学的高度作出了深刻的理论阐发，独抒己见，卓然自立，具有近代启蒙思想的特征。

什么是美？

王夫之认为，美既非纯客观之物，也非纯主观的幻象，而是主观与客观或"天化"与"人心"的奇妙结合。他说花鸟林泉这类自然物，就其本身来说，是无所谓"美"的，而到了诗人的笔下，就变得那么"美"，那么"华奕照耀，动人无际"，乃是由于诗人对"自然之华"以"文情赴之"的结果。当然，这并不是说自然界中不存在引发人美感的因素，相反，那些能够激发人美感的事物，都是自然界中富于生命灵性的精华。"美"是主观与客观的统一，是人心灵创造活动的产物。

美既然来自人的心灵创造活动，那就要问：什么样的心灵创造活动才是美的呢？对此，王夫之提出了"美在中和说"，要求一切美的艺术创造都应该体现真、善、美的统一。

首先，他认为艺术要表现人的真情、真事、真血性，把"真"作为衡量文艺作品价值高下的重要标准。他曾称赞梁武帝的《春江曲》说："亏他好手写出真情真事，斯可博譬广引。"并说"君家住何处，妾住在横塘。停船暂借问，或恐是同乡"一诗："墨气所射，四表无穷。"又评元稹的《早春寻李校书》诗云："必欲抹此以轻艳，则《三百篇》之可删者多矣。但不犯梁家宫体，愿皋比先生勿易由言也。"强调文艺作品要写"真情""真事",这种观点首先起于明中叶以后随着资本主义萌芽而在市民社会中出现的个性解放倾向。由李贽提出的"童心"说、汤显祖提出的"至情"说、袁宏道提出的"性灵"说,可视为文艺美学领域这一时代思潮的代表。王夫之称赞汤显祖的"言情""灵警"之作"绝壁孤骞,无可攀蹑……以其亭亭岳岳之风神,与古人相辉映";赞美袁宏道诗:"以天姿迥出……为廓清之主。""洒落出卸,如白鸥浴水,才一振羽,即丝毫不挂。"足见其美论中的"真实观"与晚明文艺美学思潮的联系,亦可见其美学思想的近代启蒙性质。

其次,他提出了与道学家不同的衡量文学作品的"善"的标准。宋明道学家排斥述男女之欢好的艳诗,《诗经》中的"国风"大多被朱熹斥为"淫诗",而王夫之则肯定艳诗存在的合理性。他在《夕堂永日绪论》中说:"艳诗有述欢好者,有述怨情者,《三百篇》亦所不废。"他说古人的诗句,如"荷叶罗裙一色裁""昨夜风开露井桃"等,都是艳诗中的上乘之作;而李白的《乌栖曲》等作品更是寓意高远,表达了一种尤为高雅的情感。至于古人所写的那些叙述闺中怨情的作品,如汉朝人的"青青河畔草,郁郁园中柳",唐朝人的"闺中少妇不知愁""西宫夜静百花香"等,都体现了"婉娈中自矜风轨"的"善"的品格。他所反对的只是那些"述衾中丑态"的真正的淫诗，反对那些无视"善"的价值标准的"败风俗"之作。

他也曾批评妇女、僧人、塾师的作品识量不出生活琐事，批评他们抒发的感情与时代的"哀乐了不相关"，因而称之为"恶诗"，这反映了他所具有的某些偏见。但究其实，他对妇女和僧人的诗又并没有完全否定，相反，却常常给以相当高的评价。卓文君的《白头吟》是写男女私情的，王夫之称赞其"亦雅亦宕，乐府绝唱"。班婕妤的《怨歌行》也是写男女私情的，王夫之称赞说："汉人有高过'国风'者，此类是也。"北魏胡太后的《杨白华》诗历来被看作"胡妇媟词"，是荡妇的淫诗，王夫之却称赞她"贤于南朝天子远甚。推宕有力，用兴比亦变化不煞"。谢道蕴的《拟嵇中散诗》是妇女的言志之作，王夫之更给予了极高的评价："入手落手转手，总有秋月孤悬、春云忽起之势，不但古今闺秀不敢望其肩背，即中散当年，犹有凝滞之色，方斯未逮也。"与此同时，王夫之对僧人之诗亦多好评。例如，他赞扬释慧远的《庐山东林杂诗》"婉善"。赞扬僧处默的《圣果寺》："一结纯净生色，僧诗第一首。……太白'窗中三楚尽，林外九江平'乃不及此。"赞扬僧齐己的《登祝融峰》："近情语自远。南岳之作，此空其群。"如此等等，都说明王夫之论诗虽有轻视妇人和僧人之诗的门面话，但事实上又并没有受这种传统偏见的束缚。

王夫之真正憎恶的乃是那些幕客、诗庸们代人悲欢的作品，是那些迎合专制政治的需要而为之歌颂升平、粉饰黑暗的作品："诗庸者，衰腐广文，应上官之征索；望门幕客，受主人之雇托也。"他把这些作品斥之为真正的"恶诗"，斥之为"风雅下游"，斥之为"浊秽无加"。与这种作品相比，无论是妇人的私情语，还是僧人的方外音都要好得多。

王夫之的诗评既严格区分真善美与假恶丑，同时也初步接触到真善美亦有不同的层次，可惜他并没有对此做深入的探讨。但无论如何，坚持真、善、美之统一的审美标准，乃是其美学思想的一个重要特征。

诗美创作论

王夫之从文艺审美创作的特性出发，来探讨艺术创作的基本规律。认为艺术创作属形象思维，与逻辑思维存在根本区别；艺术创作主要是一个以"兴"的方式形成审美意象——情、景关系的问题，或者借用佛家的概念来说，叫"现量"，这是王夫之创作论的基本观点。

"兴"是中国古典美学中的一个重要范畴。王夫之曾不止一次地说："诗以道情……往复百歧，总为情止。""关情是雅俗鸿沟，不关情者貌雅必俗。"但情又必须由事物的感发而起。这种感发作用就是"兴"。

他认为"兴"在创作中的作用是"起情"。"情"是诗的第一生命,但诗的"情"不是空洞虚假的"情",而是与事物(景)的感发联系在一起的。他曾评庾信的《燕歌行》诗曰:"句句用兴用比;比中生兴,兴外得比,宛转相生,逢原皆给。故人患无心耳,苟有血性、有真情如子山者,当无忧其不淋漓酣畅也。"他认为"情"一定与"感"联结在一起,故而有"感情"一词;如果真感无存,情懈感亡,也就谈不上所谓诗了。由于"兴"的作用,人的情感就犹如天籁之发一样地被激发起来。由此而产生的特殊情感,在中国古典美学中又称之为"兴会",也就是现代人所讲的"灵感"。王夫之特别推崇谢灵运,说谢诗"安顿之妙,天与之以自然","灵心巧手,磕着即凑","情景皆可","景总含情"。认为这正是沈约所说的"灵运之兴会标举"。兴会的到来,"才着手便煞,一放手又飘忽去",具有相当的偶然性,但没有兴会或灵感,也就谈不上艺术创作。

他力图阐明形象思维与逻辑思维的区别。认为作为文艺创作中感发人的性情、意志的"兴",只能与"神理"相关,而不应去谈抽象的"名理",否则,就会失去艺术所以为艺术的特征。他说:"诗固不以奇理为高。唐宋人于理求奇,有议论而无歌咏,则胡不废诗而著论辩也?"他又说:

"经生之理，不关诗理，犹浪子之情，无当诗情。"他反对唐宋人的说理诗、匠人气，认为"陶冶性情，别有风旨，不可以典册、简牍、训诂之学与焉也"，从根本上划分了作为形象思维的审美创作与逻辑思维的区别。但他认为形象思维并非与逻辑思维绝对不相容。形象思维中也可以有某些逻辑思维的成分，即可以通过"兴"来喻理。问题的关键在于作者是否有兴会，如有感兴而非空发议论，此时的"理"即为"神理"。

他认为"诗全以声情生色"，所以坚决反对宋儒以抽象的议论入诗。他说："诗之深远广大与夫舍旧趋新也，俱不在意。唐人以意为古诗，宋人以意为律诗绝句，而诗遂亡。如以意，则直须赞《易》陈《书》，无待诗也。"这里所批评的"意"就是指抽象的议论。但他却十分重视作品中与艺术形象融合的"意"："烟云泉石，花鸟苔林，金铺锦帐，寓意则灵。"他说"意中之神理"就是"势"，即文学作品的无限意蕴。他认为谢康乐之诗就是善于"取势"的范例："宛转屈伸……夭矫连蜷，烟云缭绕，乃真龙，非画龙也。"又如论画者曰："咫尺有万里之势。"此处所谓"势"既是指作品的意蕴，又是指作品的气势。文学作品为什么能造成这一"势"呢？就在于感兴、起兴，只有用"兴"，才能有这一艺术效果。

王夫之如此重视"兴",把"兴"提到了空前重要的地位,就不能不对作为"兴"的本质特征的审美意象——情景关系问题作深入探讨。

首先,王夫之认为作为构成审美意象的两要素,情与景统一于"兴",能否做到情景妙合无垠,是审美创作是否成功的关键之一。他说:"情景名为二,而实不可离。神于诗者,妙合无垠。巧者则有情中景,景中情。"不仅要做到情中有景,景中含情——那已经是很高的艺术技巧,但这仍是"巧",更高的要求是做到二者自然凑泊,妙合无垠。这才是"神"品,才是最高的艺术境界。如果情或景任何一方太过,都会成"狂节乱兴"。

他认为在情景结合、形成审美意象的一瞬间,虽似有意,实却无意,即所谓"兴在有意无意之间"。这也就是人们所说的灵感的特点。这种"天与造之,神与运之""笔授心传之际,殆天巧之偶发"的审美意象形成之妙,来自审美主体专注、纯静的审美情怀。他称赞陶渊明达到了忘我的审美境界,其心中已如刘勰所说"疏瀹五藏,澡雪精神"。洗尽了心中世俗的尘滓,只有天空、春风、明月,而自己已处于和外物融成一片的和谐境界里。这正是一种审美的心胸,是审美意象形成——情景交融的最佳状态。

王夫之还运用佛家法相宗的"现量"概念来阐发文艺创

作中"兴"的机制。所谓现量，就是感觉，是当下的审美直观。现量所具有的"当前""现在""一触即觉""不假思量计较"的含义，正是"兴"的感发、起兴作用。因此，审美创作一定要有当前生活的感兴。同时，还要求作家在创作中要做到"内极才情，外周物理"，善于"体物而得神"。他说唐人的《少年行》诗："白马金鞍从武皇，旌旗十万猎长杨。楼头少妇鸣筝坐，遥见飞尘入建章。"诗中描写的少妇遥望夫婿之英武而自矜得意的心情，就是"善于取影"，即对生活现象作准确描绘的表现。只有"善于取影"，并且善于"影中取影"，才能曲写人情之极致，达到生活真实与艺术真实的统一。这一对诗歌创作中"兴"的本质特点的阐发，达到了中国古典美学史上前所未有的高度。

诗美鉴赏论

在中国古典美学中，孔子最早提出了审美鉴赏的"兴、观、群、怨"说。王夫之认为，在审美鉴赏中没有孤立的"兴"，也没有孤立的"观""群""怨"，四者互相结合才构成了审美形象的整体性。他说："诗之泳游以体情，可以兴矣；褒刺以立义，可以观矣；出其情以相示，可以群矣；含其情而不尽于言，可以怨矣。"

他是从两方面来论证兴、观、群、怨互相联系的观点的。一是人的思维活动中感性思维与理性思维是互相联结的，人的情感、道德、认识并非是完全隔绝、不可沟通的，而是我中有你、你中有我。二是作者在创作时虽然要尽量使作品主题鲜明，但却不排除作者在作品中包含更丰富意蕴的努力，即所谓"以一性一情周人伦物理之变"。这样就可能使抒情的作品同时具有教育、认识功能，使兴、观、群、怨互相联系起来。

兴、观、群、怨既互相联系，也就决定了审美形象可能具有比作者预计的更丰富的内涵。他认为，在审美鉴赏中有时会出现作者的意图与读者、接受者的感受不一致的情况。这是因为"人情之游也无涯，而各以其情遇"产生的必然结果，这也正是文艺审美的价值所在。每个人在鉴赏时的处境、心理、情感不同，故而对同一艺术形象的审美感受也并不相同。这就相当准确地揭示了文艺审美中艺术再创造的特点。

强调读者、鉴赏者在文本解读中的重要性，并不意味着可以脱离文本胡乱猜度比附。有的文本的意义有确定性，不能无视这种确定性而胡乱解释；有的文本的意义有不确定性，这固然为读者或鉴赏者留下了想象或再创作的余地，但这并不意味着可以离题万里而极尽牵强附会之能事。对于上述错误倾向，王夫之是坚决反对的。他主张解诗时应区别作者是有为而作还是无为而作。有为而作则要明了原因；无为而作则不能强为之解，搞影射解释学。

着眼于审美鉴赏的特殊性，他提出了诗美鉴赏中"陶冶性情，别有风旨"的命题。他认为以诗为出处来考证事理的训诂学、考据学等方法并非本身有什么不对，但如果将它用到诗美鉴赏中就难免牛头不对马嘴了。他举例说，杜甫诗中有"我欲相就沽斗酒，恰有三百青铜钱"之句，有人遂据以为唐时酒价；崔辅国诗中又有"与沽一斗酒，恰用十千钱"的句子，如果从杜甫沽处贩酒，向崔辅国卖，岂不可以获利三十倍？那些热衷于用考据的眼光来读诗的人就是如此可笑。他说历代训诂家耽于考证某句可观风俗、某句在怨刺政教得失，但唯独忘了诗乃吟咏性情之物，读者应因之而陶冶性情，使自己的心灵获得一种审美的提升。训诂家的做法只能使诗美鉴赏"旨趣索然"。正是在这个意义上，王夫之说："兴、观、群、怨之妙，训诂家不能领悟。"

王夫之在文艺美学方面造诣极深，他的文被谭嗣同称为"空绝千古"，他的诗被朱孝臧赞为"字字楚骚心"。在美学理论上更自成体系，历来被人们将其与清代另一位美学家叶燮并列，视为中国传统美学思想的总结者。但与其说他的思想具有总结中国古典美学的性质，不如说它具有开创新风气的启蒙意义。他特别重视个人的情感和精神，特别强调"兴""情"在文艺审美中的意义,与近代要求个性解放、冲决网罗、意志自由的趋向是一致的。尽管其思想中仍带有一些过时的传统思想的阴影,但启蒙主义的曙光已经在其中升起。

第 3 章

王夫之思想的历史地位与历史命运

王夫之作为 17 世纪中国的伟大思想家，身前曾经叮嘱子孙藏其书，言二百年后乃可出。从他潜心著述的 17 世纪下半叶，到其书大行于世的 19 世纪下半叶，恰好是两个世纪。不见容于当时，为二百年后的中国著书，这本身就昭示着王夫之思想所具有的超前性。王夫之具"抱刘越石之孤愤"，坚持反对民族压迫的政治情操，与"六经责我开生面"，追求破旧立新的哲学创造。以今天的眼光看，他的思想的历史地位，正建立在他对传统思想特别是对宋明道学的批判总结和新的理论建树上。

然而，王夫之去世后，他的子孙并未尽藏其书。在 1865 年金陵节署本《船山全书》问世前，他的著作已有一部分在世间流传。但无论在此前或此后，对于王夫之著作的解读，事实上也正如他本人所说，"作者用一致之思，读者各以其情而自得"。近四百年来，他那先后问世的著作也与中国社会一样，被先后蒙上过不同的历史色彩。

文本的阐释固然有赖于文本与读者的视域融合，但文本的客观性亦不允许读者作主观随意的阐释，任何视域融合，或褒或贬皆必有其文本的依据。王夫之身处新旧杂陈、矛盾交错的时代，他本人亦清醒地意识到他的著作中"有自相蹠盭者矣"，因而"无强天下以必从其独见者也"；"宁为无定之言，不敢执一以贼道"。然而，他所反复致意的是"推故而别致其新"的方面。他之所以要说他的著作必待二百年后乃可出，之所以题其草堂曰"六经责我开生面"，正是要求后人把握他的思想超越前人而别开生面的方面，领会他的思想的那些不见容于当时的方面。解读王夫之的著作，当善会此意。如果不了解这一点，仅仅看到王夫之极为宏富的著作中有一些与他的创新思想自相冲突的陈腐内容，纵然有文本的依据，亦不免一叶障目而对其作出谬误的判断。

历 史 地 位

王夫之与宋明道学的关系

王夫之思想的历史地位，集中表现在他既是宋明道学的总结者和终结者，又是初具近代人文主义性质的新思想的开创者和先驱者。

魏晋以降，"儒门淡泊，收拾不住"，高才之士，不归于佛，则归于道。虽有韩愈杜撰"道统"，大呼儒学复兴，然而应者寥寥。陵夷至于北宋，在朝廷"优礼儒生"、呼吁"学者务明先圣之道"的导向下，方才出现了欧阳修《本论》所呼唤的修儒学之本、重建"虑民之意甚精，治民之具甚备，防民之术甚周，诱民之道甚笃"的儒学意识形态的热潮，出现了儒学复兴的局面。如何弥补儒学超越追求之不足，在学理上与佛道一争高下，成为学者们一时的致思倾向。然而，学理的探讨与迎合专制权力的需要毕竟是有矛盾的，只有在学理上完全适合欧阳修《本论》所要求的思想体系，才能被后期皇权专制主义确立为意识形态的统治重心。在宋明道学中，唯有程朱理学被确立为统治思想，而张载之学、陆王心学实际上是处于"儒学异端"的地位，这就构成了宋明道学的内在矛盾，这种矛盾在晚明新的历史条件下的发展，在时代呼唤思想巨人的氛围中，必然导致宋明道学的总结和终结。

在张载、程朱、陆王的分歧和对立中，张载与程朱的分歧是更为根本性的。按照张载的元气本体论，应然是从实然中引出的，实然变了，应然也得变，应然并不是至高无上、永恒不变的，因而张载之学以《易》为宗。与此相反，按照程朱的天理本体论，应然才是至高无上的，实然不过是应然所派生，应然永恒不变，所以就必须贬斥《易》学。对于这一"贞邪相竞"的根本分歧，王夫之看得十分清晰，所以他以张载学说为"正学"，对张载褒扬不遗余力，而对朱熹贬斥《易》学则予以批评，鲜明地表达了扬张抑朱、复归张载的致思倾向。船山之学，以《易》为宗，以史为归。其以《易》为宗，正是在更高的基础上复归张载。这一更高基础上的复归，似有承于晚明王廷相、罗钦顺、吕坤等人的气本论和气质之性一元论，在此基础上克服张载过分强调"天地万物一体"的偏失，克服张载本体论与人性论、天地之性与气质之性的割裂，从而排斥了所谓"人心惟危，道心惟微，惟精惟一，允执厥中"的"道学心传"。在总结宋明道学时排斥了道学的根本宗旨，从而也就终结了宋明道学。

侯外庐先生认为，王夫之对于程朱理学是"否定式的修正",对于陆王心学则是"肯定式的扬弃"。所谓"否定式的修正",即表面上看是修正,而实质上是否定;所谓"肯定式的扬弃",即表面上看是扬弃,而实质上却是以肯定为主。嵇文甫先生亦有类似看法。此乃不易之论。程朱道问学而陆王尊德性,王夫之从"学""思"关系的视角,从继承与变革之统一的思想高度来融会二者,更接近于高扬人的主体意识的陆王心学。他固然重视"学",主张继承一切"先我而得者已竭其思"的思维成果,但更强调发挥"心"的能动的思维作用,以批判的眼光去审视历史和既往的学说。"学非有碍于思,而学愈博而思愈远;思正有功于学,而思之困而学必勤。"无论是学还是思,都必须坚持"必在我而审其从违"的主体性。王夫之不仅以此种批判的眼光去审视宋明道学的各家学说,而且也以此眼光去总结全部的中国传统思想,从而作出了开六经之生面的非凡思想贡献。而他将"道问学"与"尊德性"的道德修养论转化为更广大而精微的认识论问题,在更高的理论思维的水平上统一二者而又凸显人的主体性,既是对宋明道学的总结,也是对宋明道学的终结。

当然,王夫之对于宋明道学的总结和终结并不仅仅局限于以上诸端。宋明道学其实是一个囊括众多学科的思想体系。因此,要考查王夫之既是传统思想(特别是宋明道学)

的总结者和终结者，又是初步具有近代人文主义性质的新思想的开创者和先驱者的历史地位，还得对他在各主要思想领域的贡献作具体的评说。

王夫之身当思想言论极不自由的专制时代，以"六经责我开生面"的气魄，究天人之际，通古今之变，原人境之美，穷性命之原，明兴亡因革之理，在哲学思想、史学思想、道德伦理思想、政治经济思想、文艺美学思想、宗教思想诸方面都作出了"推故而别致其新"的新突破和新贡献；在许多重大的理论问题上，表现出比较明显的反理学性质。他上承上古三代文献、先秦诸子、两汉经学和子学、魏晋玄学、隋唐佛学，直至宋明理学，出入儒释道三教，对中国传统思想作了批判总结；下开戊戌维新和辛亥革命时期中国思想界之新潮，谭嗣同、梁启超等维新派思想家与章太炎等著名的学者、思想家兼革命家，都对王夫之的思想推崇备至，继承和发展王夫之的思想而为中国思想界开一新局面。

对中国哲学史的贡献

从"究天人之际"的哲学思想方面来看，王夫之继承和发展了张载的元气本体论学说，推倒宋儒的天理本体论及其主静拒变的形而上学和销行以归知的认识论，在本体论、发展观和认识论诸方面都作出了重大的理论突破和别开生面的理论贡献，成为中国哲学天人关系学说史上继荀况、刘禹锡之后的第三座里程碑。

在本体论上，王夫之突破了中国古代哲学把混同于物理概念的"气"作为本体的局限，把"气"范畴规定为物质"实有"，不仅从自然科学的物质不灭原理来论证世界的物质统一性，而且通过对"依有、生常"义的论证，以人类生活与实践的经验事实来确证物质"实有"的客观实在性，证明"实有"的物质世界不仅是可以为人的感官所反映的客观实在，而且是人类赖以生存，特别是人的实践的能动性赖以发挥的对象性的客观实在。以"破块启蒙，灿然皆有"的本体论论证来祛除佛、道和理学唯心主义的蒙昧观念。通过对"不能绝物"义的论证，批判尹焞、朱熹关于"收敛此心，不容一物"的观点乃是"物我交受其戕贼而害乃极于天下"的谬说。又运用自然科学的物质不灭原理来论证哲学本体论上的物质存有不灭之原理，直斥朱熹的"散尽无余"之说为"异端之邪说"。他提出了"盈天地间皆气""天下惟器"等鲜明的唯物主义命题，确认"理在气中""道丽于器"，正确地解决了理气、道器关系问题，对宋明道学颠倒理气、道器关系的理本论和心本论作了深刻的批判；特别是他关于道器关系的论说，为近代启蒙学者既要变器，又要变道的改革诉求提供了十分有力的哲学学理依据。

在发展观方面,王夫之从本体存有、功能流行的"细缊"范畴出发,展开了关于动与静、化与变、生与死、两与一、常与变、有限与无限之关系的辩证论说。他质疑"宋儒家中《太极图》",反对朱熹所谓"无极而太极,是无极中有个至极之理"的谬说,把事物发展的动力归结为"充满两间皆一实之府"的"细缊"本体所固有的"合两端于一体"的内在矛盾。他一反长期统治中国思想界,与不动的社会结构相适应的禁动主静论,把事物的变化归结为"通而自成"的"量变"与"变而生彼"的"质变"两种基本形式,以"穷必变""变必通""谢故以生新"的尚变论取代不变的形而上学;他揭示了生与死的辩证关系,力主尊生,反对蔑视人的感性生命的中世纪宗教异化和伦理异化。

他强调事物发展变化的原因就在事物内部,阐明了"分一为二,合二以一"的矛盾观,揭示了矛盾的双方无不在一定的条件下相互转化,反对邵雍、朱熹的矛盾定位论;他既肯定矛盾的斗争性"为功于万物",强调人应该在差异、对立和斗争中把握同一,"不畏其争"而"乐观其反",同时也反对"其极也惟恐不甚,其反也厚集而怒报之"的矫枉过正论。他提出了"积而成乎久大"的宇宙无限论的时空观,不仅揭示了时空是物质实有的存在方式,而且更深刻地揭示了时空因人类的历史实践而成乎其久大的观点,提出了"今日"既是过去之终点,又是未来之起点,把握"今日"以迎接未来之新天地的奋发有为的人生观。

在认识论上,王夫之继承和发展了中国哲学史上关于知能、心物、知行关系的论说,扬弃佛教哲学的能所之辨,提出了行可兼知、竭天成能的认识发展理论。他按照"天人相分"的观点,对认识的主体和客体分别进行考察,首先对"合知能而载之一心"的人的类特性进行深入的揭示和论说,强调作为认知主体的人所具有的认识和实践的能动性,尤其重视实践的能动性对于认识的重要意义。在认识的客体方面,他改造了朱熹的"理一分殊"的学说,强调天地万物各有其理,使认识的对象从唯一的纲常名教的"天理"而变为自然界和人类社会的各种具体事物所分别具有的特殊的条理、文理或结构规则,发戴震"察分理"学说之先声;他对新兴的质测之学(自然科学)表现了高度的重视,提出了"惟质测"能"即物以穷理"的重要命题。在"事之来"与"心之往"的主客体相互作用和认识发展的辩证过程中,王夫之重视"心"的作用,批评朱熹的学说"反贻鹅湖之笑";他把人的认识过程区分为感性、知性、理性三阶段,认为在认识的感性阶段要防止"以见闻域所知"的狭隘经验论,在知性认识阶段要防止"得其偏而失其全"的形而上学错误,在认识的理性阶段则应反对"异念以旁求"的唯心主义唯理论，从而大大深化了中国哲学对于认识发展的辩证过程的认识。他提出了由"尽器"至"贯道"再到"入德"的认识论公式，提出了"勇于德则道凝，勇于道则道为天下病"的命题，正确地解决了一般与个别和特殊的关系，初步揭示了认识从具体到抽象，再由抽象上升到具体的辩证法。在知行关系上，他批判朱熹的"知先行后"说"困学者于知见之中"而"异于圣人之道"，而对陆王心学的"知行合一""知不先、行不后"之说则给予了有条件的肯定，强调"知非先，行非后"；他特别注重行在认识中的作用，强调知源于行、知必须以行为功，行对于知的产生、发展和验证都起着决定性的作用，提出了"知行相资以为用""并进而有功"等深刻命题；他强调认识的目的在于指导实践："知之尽，则实践之而已。"认为通过实践，人可以改造自然、改造社会，"以人造天"，并且在实践中塑造自己的完美人格，从而继承并创造性地发展了荀况的"制天命而用之"的思想和刘禹锡的"天与人交相胜"的思想，把中国哲学关于天人关系的探讨和朴素唯物辩证法的认识论推进到一个更高的思想水平。

当然，王夫之的哲学思想中仍然包含一些自相矛盾或自陷迷途的因素。在心物关系上，他在强调主体与客体之区分和"心"在认识中的作用的同时，仍然保留了陆王心学的

"心具理"的观念。在论常变关系时,他强调"变而不失其常",而他所讲的"常",往往是指传统社会礼教的基本原则,这又明显与他那"尚变"的辩证发展观相矛盾,从而使他的哲学思想仍不免带有某些保守的性质。

对史学思想史的贡献

从"通古今之变"的史学思想方面来看,他通过对人类社会进化史之遗存的"活化石"的研究和对"数千年以内,见闻可及"的历史事变的考察,以"参万岁而一成纯"的巨大历史感来探索"上下古今兴亡得失之故,制作轻重之原",对历史上的"合离之势""变革之会"及其内在规律给以理论上的概括和总结,提出了许多富于科学性和启蒙性的思想创见。在这方面,他不仅超过了古代的史学思想家,也超过了同时代的黄宗羲和顾炎武。他提出了"依人建极"的人本主义原则,强调人是历史活动的主体,因而必须以人为出发点来考察社会历史,考察人在宇宙中的地位及其活动规律。他提出了今胜于古的进化史观,揭示了从自然史到人类史,即从"禽兽"到"植立之兽"到"文之未备"到"文之已备"的发展进化过程,并且以对少数民族社会生活的考察,指出所谓上古三代的"盛世"不过是"暴君横取,无异于今川、广之土司"的宗族奴隶制时代,一个"既愚且暴"的时代，从而打破了对于三代古史的迷信，有力地批判了邵雍和朱熹的退化史观。他把传统的华夷之辨转化为文化价值论意义上的文野之辨，认为华与夷、文与野可以相互转化，试图揭示文化进化途程中的盛衰起伏、"文质随风气以移"的规律性。他提出了古今殊异、道随器变的思想，强调"道丽于器""法因时改"，汉以后之天下只能"以汉以后之法治之"；强调"道因时而万殊"，"趋时应变……日新而不困"，主张"顺时中权""趋时更新"乃至必要时的"革命改制"，有力地批判了自汉代以来长期统治中国思想界的道统史观和"天不变，道亦不变"的神学教条，为中国近代的变法维新和革命改制提供了历史哲学学理的合理性依据。

他继承了刘知几、柳宗元所运用过的"势"的概念，加以具体规定，并与新加界说的"理""几""天""时"等范畴连接起来，试图更深入地来揭示历史运动过程的必然性，提出了"理势合一""理势相成"的关于历史发展规律的学说，系统阐述了"得理自然成势"和"于势之必然处见理"等深刻思想，从而排斥了在现实的历史过程之外去设置所谓"天命""天理""道统"，并以此来解释和支配历史的各种谬说。在关于理势关系的论说中，他还论述了人的实践的能动性与历史必然性的关系，既肯定历史事变中的生死成败"皆理势之必有"，更强调人的实践的能动性可以造就时势，促成生死成败的转化，具有十分远大的历史眼光。

在"理势合一"论的基础上，他进一步提出了"即民以见天"的历史动力说。他利用先秦文献中关于天视民视、天威民威的古老说法，继承柳宗元关于"生人之意"决定历史的无神论史观，并加以发展，把社会历史领域中的"天"这一范畴的基本内涵规定为"人之所同然"或"民心之大同"，既反对"滥于物之天""僭于天之天"的天人感应论及一切神学史观，痛斥传统的五行灾异说，也在一定程度上批判了"专于己之天""自矜其贤智""以己之意见号曰'天'"的圣贤史观，认为"圣人所用之天，民之天也"，从而多少看到了人民群众在历史上的作用。他强调圣人要"慎用"民之天，既表现了他的思想局限性，即对民众仍怀有某种偏见；然而，他看到了民众的非理性情绪对于社会历史可能造成的负面影响，亦包含了具有合理性的思想。至于他最受人诟病的"庶民禽兽论"，则直接来自孟子关于"人之所以异于禽兽者几希，庶民去之，君子存之"的论说，这也反映了他的思想仍受着儒学传统的严重束缚。

对伦理学史的贡献

从"穷性命之源"的道德伦理思想方面来看，王夫之从道德的形上学依据与道德的起源和进化、一般的人性与人性的历史发展、理欲关系、义利关系等方面，对中国传统的道德伦理思想作了批判性总结，特别是对宋明道学作了相当深刻的批判，作出了很多重要的理论建树。

首先，是对宋明道学的道德形上学及其道德退化论的批判。他反对张载、二程和朱熹抹杀天道与人道之区别的观点，从天与人、禽兽与人、自然史与人类史相互连接和区别的视角，论证了"天道不遗于禽兽，而人道则为人之独"的观点，从人与自然相互联系的视角肯定人道源自天授，更强调"人相与为伦而道立"、人道出自人伦的现实性，提出道德之理"不可加诸天""以仁义礼智言天，不可也""天之道，人不可以为道者也"等否认自然宇宙有道德伦理属性的观点，强调"我者，德之主，性情之所持"的道德主体性；认为道德作为主体人的属性，又依存于人伦关系而有其历史进化过程，并且依据道德进化的史实，对"三代以还，民渐浇讹"的道德退化论作了有力的批判，揭露了宋明道学家鼓吹道德退化论"以鄙夷天地之生人""其说行而刑名威力之术进"对社会所造成的严重危害。

其次，在人性论上，王夫之对中国历史上的各派人性学说作了批判的总结，从"理气合一"的元气本体论引申出"理欲合性""互为体用"的人性论，深刻阐明了人的物质生活欲望与狭义动物界的区别，人的群体生活的道德规范与动物群体生活中的自然本能和"以威相制"的动物学原则的区别，为其从理欲观上廓清理学禁欲主义奠定人性论的基础。他继承和发展了李贽的"德性日新"说，批评"程朱……谓此气禀者一受之成侀而莫或能易"的观点，系统论述了"性日生日成""未成可成，已成可革"和"继善成性"的人性发展理论，从而，特别注重人的实践的能动性对于人性之发展和变化的巨大作用。

再次，在理欲观上，王夫之提出了理欲皆善、以理导欲的学说。针对程朱理学视天理人欲为不两立的观点，王夫之强调"天命之性无不善，吾形色之性无不善""欲即天之理""理即人之欲"、理欲皆善的观点，认为"私欲之中，天理所寓"，"天下之公欲，即理也；人人之独得，即公也"，"人欲之大公，即天理之至正"，"人欲之各得，即天理之大同"。他反对程朱关于"饿死事极小，失节事极大"的谬说，认为衣食无着的寡妇值得同情，其改嫁"亦不足以为责"，把珍惜人的生命的人道原则置于礼教的原则之上。他在一般的人性的意义上肯定理欲皆善，持性善论的立场，又较有说服力地解释了"不善"的来源，认为善不善之几取决于"公私诚伪"之辨，既肯定人的有私的欲望有其合理性，又反对损人利己的"私"，反对假公济私的"伪"，从而与程朱理学所说的天理人欲之辨即公私之辨划清了界限。他痛斥程朱理学的禁欲论"绝己之意欲以徇天下,推理之清刚以制天下",斥程朱"惩忿窒欲"的道德修养论是"灭情以息其生""以游惰为否塞之归"的谬说,认为以程朱理学治天下必导致酷吏以法杀人与道学以理杀人,以致"后世死于申韩之儒者积焉"的惨祸。他批评外儒而内道的道学君子之"薄欲"乃是"薄于以身任天下",未必是君子,并且提出要警惕以"天理"为"饰人欲之具""相率以伪"的假道学。主张既要满足人们好货、好色、好酒的欲望,又要以理导欲,反对"贪养不已,驰逐物欲",强调在人生的价值和意义问题上精神追求的价值高于物质追求的价值,人不可成为物欲的奴隶。王夫之的理欲观与后来戴震的理欲观具有相似之处,他们都把程朱理学的禁欲论与佛道二教联系在一起批判,揭露程朱理学以理杀人,强调人尤其是广大下层民众的物质生活欲望的合理性。可以说,王夫之的理欲观已发戴震学说之先声,尽管戴震并没有读过王夫之的著作。

最后,在义利观的问题上,王夫之继承和发展了中国伦理学说史上义利统一观的传统,批判了董仲舒之所谓"正其谊不谋其利,明其道不计其功"的观点和宋儒的义利之辨。他从宇宙观的高度肯定"各安其本然之性情以自利"的合理性,即肯定每一个人追求其合理的私人利益的正当性,强调"利者,民之依也",认为董仲舒的说法"非古今之通论"

而宋儒墨守董仲舒的说法亦误。他认为人类之所以需要道德规范（义），正是为了保障和调节人与人之间的利益关系，从而批判了宋明道学家以抽象的"义"或"公利"（义）的名义来抹杀每一个人的私人利益的虚伪说教。同时，他又十分注重分辨合理的"自利"与损人利己的自私自利的区别，反对"攻取相役""成乎惨害"的极端利己主义，从而在学理上弥补了晚明以"人必有私"为出发点的功利主义伦理学说的不足，颇近于法国启蒙学者对"自爱"与"自私"的区分。他反对统治者以官禄德为推行道德教化之诱饵，强调道德的超功利性，又近乎康德式的超功利主义的伦理学说。他还把义利统一观推广为一种超出道德践履范畴的普遍的实践哲学或价值哲学，区分"一人之正义""一时之大义"和"古今之通义"，为其在政治上反对绝对君权的专制主义提供了道义依据。他批评了张载、朱熹对豪杰精神的非议，"抱刘越石之孤愤"而认同于刘琨"以社稷为务，不以小行为先；以黔首为忧，不以克让为事"的观点，呼唤"以身任天下"的豪杰精神。其为豪杰精神所作的辩护，与王阳明的"狂者胸次"同调；其关于"未有圣贤不豪杰"的命题和对于豪杰品格的论说，多发前人所未发，对于中国近代豪杰精神的复兴产生了巨大的激励和影响。

对政治经济思想史的贡献

从"明兴亡治乱之理"的政治经济思想方面来看，王夫之与同时代的黄宗羲、顾炎武的共识是"生民之生死"高于"一姓之兴亡"，主张实行分权制衡和允许不同的声音的政治改革，而其对于专制可以强国论的批判、对于专制政治的非道德性的揭露等方面，则又是黄宗羲和顾炎武的论说难以达到的。

王夫之认为，只是从周文王起，中国才有了"取天下之经提携于一人"的绝对君权，是"文王立制"造成了春秋战国时期"杀掠相仍者五百余年"的惨祸；而秦汉以后"万方统于一人，利病定于一言"的绝对君权，更多次造成"进异族而授之神器"的后果。他驳斥"以唐虞为弱，而以家天下之私者为强"的谬说，指出专制制度乃是导致民族衰亡的根本原因，专制程度越高，人才就越凋零，国家就越衰弱。他怒斥专制帝王"销天下之才智，毁天下之廉隅"的统治术，指出专制制度的本性是要任用坏人，并且使好人也变成坏人，既要维护专制制度，又要提倡道德人格，乃是绝对不相容的两回事，从而揭露了专制制度的非道德性、专制制度与道德的不相容性。他认为在专制制度下，帝王必然要为维护其家天下的一己之私而疑天下，"以疑而能不招乱亡之祸者无有"，中国历史上的一切篡弑、战祸、劫乱，乃至游牧民族之入主，几乎都是帝王以私天下之心而疑天下所造成的。

立足于对三千年专制政体的总批判，王夫之提出了政治体制改革的指导思想和改革方案的设计。首先确立了"生民之生死"高于"一姓之兴亡"的原则，以"生民之生死"为公，以"一姓之兴亡"为私，认为君权"可继，可禅，可革"。他严厉批判了专制统治者表彰的张巡为守睢阳城杀人而食的所谓"忠"，强调人道主义的原则高于政治的原则，认为"苟易姓而无原野流血之惨"亦"无乃不可"。他提出了君、相、谏官"环相为治"的改革方案，相权和谏官之权都旨在限制君权。他意识到国家长治久安的关键在于"预定奕世之规，置天子于有无之处"，这一观点与现代"虚君共和"的君主立宪制度在根本精神上是相通的。在法治与人治的关系上，他更倾向于法治，认为法律的权威高于君王之权威，主张以法律来制约君主的权力，以建立一个"自天子始而天下咸受裁焉"的法治社会。他批判了孔子专门针对民众而言的"宽猛相济"的主张，提出了"严以治吏"的主张；又针对孔子之所谓"刑不上大夫，礼不下庶人"之说，而针锋相对地提出和论说"刑尤详于贵，礼必逮于下"的学说；他严厉批判了以朱熹为代表的"申韩之儒"，反对把道学家的个人意气和民众的非理性的仇恨情绪置于法律之上；他反对张载、程颐、朱熹等人以"道德"的名义恢复上古肉刑的主张,力主废除以非人道的方式对待罪犯的专制酷刑。如此等等,都能反映现代法治社会重在防止政府官员犯罪、法律至上和以人道的方式对待罪犯的基本精神,从而在一定的程度上与专制主义的特权人治划清了界限。

在政治权力的合法性来源的问题上,他严厉地批判了作为专制政治之灵光圈的"正统论",认为所谓正统论不过是为篡窃、攘夺和夷狄之入主作辩护,神化专制统治权力,而为"君子所不齿"的"邪说"。他事实上继承并发展了李贽对"道统论"的批判,痛斥作为专制政治之理论基础的"道统论",认为所谓道统论乃是专制统治者(*治者*)及其文化仆从(*学者*)神化其意识形态,并以此为"镇压人心之标的"、实行思想文化专制的工具。这一切,都表明了他所具有的超迈前人和同时代人的非凡见识。然而,囿于儒学传统的局限,他仍然讲"道统",并且主张"治统"与"道统"的合一,又与现代民主法治社会政教分离的精神背辙。此外,他虽然肯定人民群众反抗专制暴政具有道义上的合理性,认为统治者对民众反抗斗争的镇压缺乏道义的依据,但又从维护统治秩序的观点主张对农民起义实行镇压,这既反映了专制社会中道德与法律的尖锐冲突,也反映了王夫之政治思想的时代局限性。

在经济思想方面，王夫之阐明了社会经济生活的自然规律，鲜明地提出了"上之谋之，不如其自谋"的命题，肯定每一个人都有追求其私人利益的动机和"自谋其生"的能力，而行政权力直接介入社会经济生活的结果，只能使人们"弛其自谋之心"且"夺其治生之力"，导致人民"生计愈蹙"。他坚决反对朱熹提出的农业生产"合作均收"化的主张，认为这种制度只能导致"共船漏，共马瘦"的普遍贫穷。他坚决反对政府以行政命令干预市场物价，反对官商勾结垄断物价，强调只有让市场自行调节、商家自由竞争才能使物价"常趋于平"。他认为商品经济乃"立国之资"，提出了"大贾富民，国之司命"的观点，反对专制主义的超经济掠夺对商品经济的摧残，提出了"惩墨吏，纾富民"的主张；他批判了专制统治者的闭关"自困之术"和利用关卡"暴虐商旅"的行为，主张打破地区间的贸易壁垒以促进"天下交相灌输"的自由贸易；他反对传统的积聚财富"置于无用之窖藏"、以贪吝为"节俭"的观念，主张鼓励和刺激消费，以促进市场的繁荣和裕国富民之政策的实施。

他提出了"均天下"，即按照"行之以自然"的经济法则实现社会分配之均衡的经济主张。为实现这一主张，他坚决反对"普天之下，莫非王土"这一专制主义的金科玉律，强调"有其力者治其地"，人民的土地所有权不容侵犯；他认为造成土地兼并和中国社会庞大的游民阶层生成的根本原因在于专制王朝赋税制度的不合理，这一官本位的制度赋予了官绅以经济特权，贪官污吏横征暴敛、鱼肉乡民，致使大批民众丧失土地或不得不放弃土地。因此，他主张改革不合理的赋税制度并严惩贪官污吏及充当其爪牙的"猾胥里蠹"，认为这才是"均贫富之善术"。他肯定因"智力"差别而导致贫富差距的合理性，认为这只能靠"贫富代谢之不常"的自然法则去调节，坚决反对以朱熹为代表的"申韩之儒"迎合"贫疾富、弱疾强，忌人之盈而乐其祸"的惰民心理，"鸷击富强""敢于杀戮，以取罢民之祝颂"的经济主张和举措，认为这种平均主义只能导致"芟夷天下之智力""以贫弱为安荣""是仁义中正为帝王桎梏天下之具"。相反，只有保障私有财产，激发人民发挥其聪明才智勤劳致富的积极性，并辅之以道德的"仁"与"恕"来调节贫富矛盾，才能使社会经济生活在既均衡而又充满竞争的生机与活力的状态中得以"日新而不滞"的发展。王夫之的所有这一切经济学上的创见，都是对三千年东方专制主义的经济基础及其意识形态的深刻批判，同时又与为近代西方市场经济奠定理论基础的英国古典政治经济学具有精神实质上的相通之处。当然，他在谴责官商勾结坑农时，也讲了不少表现出重农抑商倾向的过激的话，这是需要从他所处的具体历史条件去加以理解的。

对文艺美学思想史的贡献

从"原人境之美"的文艺美学思想方面来看，王夫之亦通过批判总结中国古典美学而作出了别开生面的理论贡献，以其对于个人的情感、精神和独立人格的珍视而体现了个性解放的时代要求。

在美的本质论或本源论方面，他认为美既非纯客观的事物，也非纯主观的幻象，而是主观与客观或"天化"与"人心""外物"与"内情""自然之华"与"文情赴之"的奇妙结合，强调只有通过人的心灵创造，化外在的自然为人化的自然，才是美之为美的根源，从而超越了"美在自然"的观点的片面性，近似于美"只是通过心灵而且由心灵的创造活动产生出来"（黑格尔）和美是主客观的统一的近现代美学观点。他阐明了真善美之统一的审美标准，强调艺术要表达真情、真事、真血性，强调"诗之不可为伪"；他也讲"善"的道德标准，既肯定"艳诗有述欢好者，有述怨情者，《三百篇》亦所不废"，肯定那些为道学家所深恶痛绝的晚明民间情歌如《劈破玉》《银纽丝》等抒情真切而"不失雅步"，又反对"以身为妖冶之媒""述衾中丑态"，最痛恶"应求上官之征""受主人之类雇托"的"诗庸"，斥之为"至此而浊秽无加"的"风雅下游";强调只有表达真情、真事、真血性,具有独立人格之善的文艺作品,才合乎"美"的要求。

在创作论方面,他特别重视从文艺审美创作的特性出发,探讨审美创作的基本规律,认为审美创作属形象思维,与逻辑思维有根本区别。他继承并发挥了自庾信至晚明袁宏道的"性灵"文论和汤显祖的"情至"说,反复强调"诗以道情……往复百歧,总为情止",称赞庾信的作品"有血性,有真情";继承并发挥沈约的"兴会"说,强调"兴"(灵感)对于激发感情的重要作用,反对"自缚缚人"的形式主义文风。他阐明了形象思维与逻辑思维的区别,认为"经生之理不关诗理",批评训诂家对于诗的解释"旨趣索然",强调"诗以道性情","诗合以声情生色","别有风旨,不可以典册、简牍、训诂之学与焉";如果说诗中亦有"理"的话,此理只能是因"兴会"而得的"神理",是通过美的艺术形象而得的"妙悟";他强调诗人在创作中可以因"兴会"而发挥其审美想象力、"影中取影"而"曲写人情之极至"。从他的创作论中,依稀可见后来袁枚在《随园诗话》和《小仓山房文集》中所表述的某些观点,尽管目前没有证据证明袁枚读过王夫之的诗论。

在诗美鉴赏论上,王夫之别出新意地提出了"作者用一致之思,读者各以其情而自得"的命题,认为在艺术鉴赏的过程中,"人情之游也无涯,而各以其情遇",每个人在鉴赏时的处境、心理、情感不同,因而对同一艺术形象的审美感受也并不相同,从而相当准确地揭示了文艺审美中艺术再创造的特点。这一观点颇近似于后来鲁迅对《红楼梦》研究中各种观点的评论:"经学家看见《易》,革命家看见排满,流言家看见宫闱秘事,才子看见缠绵……";亦颇近似于后来意大利美学家克罗齐关于读者参与审美再创造的观点。王夫之反对脱离原作及其创作背景的"胡猜乱度",又可以矫正现代新批评派和接受美学完全消解文本作者的作用,片面张扬读者或鉴赏者在文本解读中的重要性的偏颇。

当然,王夫之的文艺思想也有某些片面性和局限性。他强调艺术审美的独立价值,要求排除政治伦理对创作的干扰固然是正确的,然而,他的那些极端的"扬李(白)抑杜(甫)"的言论,又不免带有片面性。他片面强调美的"中和"性,没有也不可能具有近代志士仁人那种"立意在反抗,旨归在动作"的创作思想,忽视文艺对于推进社会改革和进步的功能,这也是他的文艺思想的局限性的表现。审美使人超越,这种超越性表现为个人的心灵体验;但如果片面强调审美的个人性而忽视其本质乃是社会化的情感共鸣,使人遁入艺术的象牙之塔,就未免显得狭隘。

通观王夫之在哲学思想、史学思想、道德伦理思想、政治经济思想和文艺美学思想诸方面的建树和理论贡献,似乎可以断言,王夫之思想体系之博大精深是前无古人的。与同时代的诸大师相比,虽然音学考据不如顾炎武,天文历算不及黄宗羲,然而在思想的博大精深方面,特别是在哲学思想的建树方面,则大有过之而无不及。因此,在清初诸大师中,似乎可以说,唯王夫之堪称从理论上总结并终结了宋明道学。

历史命运

寂寞的身后二百年

王夫之生前隐居深山,发愤著书,素恶"驰骛声势标榜之习",与江、浙、中原学者不相往来。当时有一位游历天下的河北大兴奇士刘献廷(1648～1695),于王夫之逝世那一年(1692)的春天游衡山,但夫之已于正月去世。刘献廷虽未造访王夫之的后裔,但其在《广阳杂记》中对王夫之的父兄学行、师友渊源却有颇为详细的记载,并推崇王夫之"其学无所不窥,于六经皆有发明。洞庭之南,天地元气,圣贤学脉,仅此一线耳"。刘献廷为学不作空言,倘未亲得王夫之著作而读之，绝不至如此推许。由此亦可见王夫之的著作似已在民间有所流传。刘献廷与京华和江浙学者多有交往，每出游归来，必述其见闻。由此似可推知当时学界知道王夫之的人并不见得少。王夫之在当时很少见于载籍，一则因为他坚持不与清廷合作的政治立场，一则因为学界盛行门户之见、文人相轻，同己者则互相标榜、胜己者则不愿提及，甚或加以排挤的恶习。除了像刘献廷这样的奇士外，在当时极少有人提及王夫之这位胜己者，本不足怪。

王夫之去世后，其子王敔事实上也并没有遵照其父的遗嘱而尽藏其书。他既不忍其父的著作湮没无传，又不得不顾忌清廷"文字狱"的残酷迫害，于是便从船山遗著中选出二十七种，包括《周易大象解》《春秋世论》《四书释疏》《老子衍》《庄子解》《楚辞通释》《张子正蒙注》《思问录》《俟解》《夕堂永日绪论》等，共六十余卷，予以刊刻，是为湘西草堂本的《王船山先生书集》。然而即便如此，仍使王夫之获得了当时有识之士的高度赞誉。康熙四十四年（1705），湖广学政、翰林院检讨潘宗洛作《船山先生传》付史馆，这是王夫之的第一篇正式传记。潘宗洛又作《邗江王氏家谱序》，称"船山之著述等身，湘岳之逸也，直砥柱一代之伟人矣。余王事羁身，尚有志于尽读船山之书。……余得见者，《正蒙》《楚辞》两注及《思问录》内外篇，把玩不能释手"。康熙五十年（1711），时任湖广学政的李周望亦为王夫之的《张子正蒙注》作序，"叹其于横渠之学，异世而同源也"；又盛赞王夫之"于学无所不窥"，"是先生之学，固合马、郑、伏、刘、何、杜、匡、辕、涑水、紫阳、王弼、向秀、王逸诸子之学，萃于一身，其才高而学赡为何如也！"更盛赞王夫之"不汲汲于干禄取荣""不降不辱"的崇高人格："既著书不出，固不等于许鲁斋、薛河东辈，列理学名臣位；又未膺征召，同于吴康斋、陈白沙诸先辈，望显一时"。这篇序文颇能把握王夫之的学术渊源，隐含了对"理学名臣"们的批判锋芒，因而不见载于湘西草堂本的《张子正蒙注》。与此同时，在江苏武进出现了一位被今人推为"实为认真研究船山著作之第一人"的学者蒋骥。他在康熙五十二年（1713）写成的《山带阁注楚辞》的"楚辞余论"部分，反复征引王夫之的《楚辞通释》一书，并加以评说。蒋骥之书的问世距王夫之《楚辞通释》刻成方四年，可见当时社会的信息流通并不像今人们想象的那么闭塞。

康熙四十五年（1706），康熙皇帝正式决定将朱熹学说确定为清王朝的意识形态统治的重心，敕命李光地主持编纂《朱子全书》；书成后，以"御纂"的名义颁行全国。康熙五十一年（1712）二月，清廷决定将朱熹配享孔庙，升大成殿十哲之次，命李光地编《性理精义》，此书当然也是以

"御纂"的名义颁行。在这一片尊崇程朱理学的社会氛围中，王夫之亦被清廷视学湖南的学政赋予了程朱派理学家的色彩。康熙五十七年（1718），湖广学政缪沅为湘西草堂本的《王船山先生书集》作序。这篇序文，主要以王夫之的《张子正蒙注》立论，从承续孔孟程朱的所谓"道统"、确立清廷的意识形态统治重心的高度，把王夫之说成是一个维护专制统治的"治道"与承续孔孟程朱之"道统传授心法"的道学家。该序言的作者是程朱之信徒，其对王夫之著作之表彰和阐释的"视域融合"亦不出程朱理学之眼界。至于《张子正蒙注》中那些严厉批评程朱的话，那些与程朱理学背辙的言论，则在他的视域之外。

乾隆年间，清政府为了巩固其政治思想统治，连续不断地兴文字狱，同时大肆查禁有所谓"违碍之语"的书籍。王夫之的著作有九种被朝廷列为禁书，包括《船山自定稿》《五十自定稿》《六十自定稿》《七十自定稿》《夕堂戏墨》《船山鼓棹》《五言近体》《七言近体》《夕堂余论》等，原因是"语多违碍，又有称引钱谦益处"。

18世纪是考据学盛行的时代，钦定《四库全书总目》赋予了王夫之以考据学家的色彩。其中收入了由湖南省呈送的王夫之著作六种，包括《周易稗疏附考异》《尚书稗疏》《诗经稗疏附考异叶韵辨》《春秋稗疏》《尚书引义》《春秋家说》，其中前四种"稗疏"有提要，《尚书引义》和《春秋家说》仅存目。不过提要的评介尚且比较客观。如评介《周易稗疏》云："大旨不信陈抟之学，亦不信京房之术，于先天诸图，纬书杂说，皆排之甚力，而亦不空谈玄妙，附合老庄之旨，故言必征实，义必切理，于近时说《易》之家，最为有根据。……卷帙虽少，固不失为征实之学焉。"如《尚书稗疏》提要云："其诠释名物，多出新意，虽醇驳相半，而纰缪者极纰缪，精核者亦极精核，不以瑕掩瑜也。"又如关于《春秋稗疏》，四库提要称其"在近人说经之中，颇有根柢"；四库简明目录亦称其"虽得失互见，然语皆有本"。然而，四库编者在把王夫之视作考据学家的同时，也对王夫之著作中的所谓"违碍之语"作了删削窜改，如《诗经稗疏》中就删去"天命玄鸟"篇中带有反清意识的五十字，又删去了《诗译》部分，且在提要中斥其"殆为竟陵钟惺批评《国风》之余习，未免自秽其书"云云。此外，乾嘉年间还有两位学者评说过王夫之的《诗经稗疏》，一位是章学诚，一位是周中孚。章学诚肯定"王氏考订不为无功"，同时也看出了王夫之并非单纯的考据学家，也不是正统的道学家，看出了王夫之有"明人好奇之习气"，《诗译》"所见不出文人习气"。周中孚《郑堂读书记》称《诗经稗疏》："大旨不从郑氏之笺，亦不信朱子之说，惟以《毛诗》《尔雅》为主，以考证名物训诂。"这一评论，道出了王夫之既不盲从汉儒，亦不盲从宋儒的学术品格。

曾国藩为什么刊刻《船山遗书》

1839年，湖南学者邓显鹤（湘皋先生）与友人欧阳兆熊、邹汉勋等开始搜集、编校、刊布王夫之的遗著。至1842年，先后刊布《周易内传》《周易外传》《尚书引义》《诗广传》《续春秋左氏传博议》等十八种，一百五十卷，总题为《船山遗书》，是为守遗经书屋版。1854年（咸丰四年）太平军进攻湘潭，该书藏版被焚毁无余。1862年（同治元年），曾国荃重新谋划刊刻《船山遗书》。1864年，湘军攻克太平天国的都城天京（今南京）后，于次年11月刻成金陵节署本《船山遗书》，收入王夫之著作五十六种，二百八十八卷。在刊刻《船山遗书》的过程中，湘军统帅、时任两江总督的曾国藩不仅为之搜求散落各地的王夫之著作，而且亲自校阅，并为《船山遗书》作序。

曾国藩为什么要在攻克天京以后刻《船山遗书》？最为流行的是"悔过"说："衡湘间士大夫以为国藩悔过之举。"另有"自道其志"说，其说略云："夫国藩与秀全其志一而已矣。秀全急于攘满洲者，国藩缓于攘满洲者。自湘淮军兴，而驻防之威堕，满洲人亦不获执兵柄……巡防军衰，而后陆军继之，其卒徒皆汉种也。于是武昌倡义，尽四月而清命斩，夫其端实自国藩始。刻王氏遗书者，固以自道其志，非所谓悔过者也。"章太炎在《书曾刻〈船山遗书〉后》一文中亦曾宣称对"悔过"说终不敢信，而对"自道其志"说却颇表赞同。其主要理由是：第一，曾国藩初起兵抗击太平军时，独以拒袄教、保桑梓为言，不肯在檄文中写上"大举义旗以申天讨"的字样，可见其对于"种族之辨，夫固心知之矣"。第二，"观其刻王氏书，无所剟削。独于胡虏丑名，为方空以避之。其不欲厚诬昔贤，亦彰彰矣"。至于曾国藩打下南京后，未能乘胜颠覆清廷，他认为乃是因为"物有相制"的缘故。辛亥革命以后，章太炎乃转而认同"悔过"说。他在《检论》卷八《杂志》中说，曾国藩"所志不过封彻侯，图紫光。既振旅，始为王而农行遗书，可谓知悔过矣"。晚年章太炎仍持"悔过"说，且以曾国藩刻《船山遗书》作为王夫之言之感人的证据。他在1935年写的《重刊〈船山遗书〉序》中感叹道："呜呼！以曾氏壹志为胡清效死，晚犹刻而农书以悔过。其言之感人，岂有量邪？世之诵其书者，毋狃于曾氏前事可也。"说曾国藩刻《船山遗书》意在悔过，当然不能成立。曾国藩从未对镇压太平天国有过任何忏悔的表示，他只对其晚年处理天津教案一事感到于心不安，有所谓"外惭清议，内疚神明"之说。说他刻《船山遗书》是自道其意在覆清之志，也是臆谈。其《讨粤匪檄》之所以以"保桑梓"为言，是出于鼓动湖南民众参加湘军的需要；其杀降、屠城之残酷，亦可见他并无任何排满兴汉的"种族"思想；其"功成名就"后处处避嫌以自保，亦可见他兴湘军以镇压太平军亦仅仅是为了取功名而已。作为一个政治实用主义者，其对于王夫之的学说只是利用。他在《船山遗书序》中，说王夫之的《张子正蒙注》和《礼记章句》有助于"息天下之争""弭世乱于未形"，有助于维护清王朝的统治。我们不否认王夫之的著作中有大量的"旧的拖住了新的"的传统思想，像《礼记章句》那样的非言志之作而实乃授徒之作中表现得尤为明显，但曾国藩读不懂王夫之的《张子正蒙注》，称其"艰深而不能显豁"，却是事实。所以他的序言虽道出了其利用王夫之思想以"息争""弭乱"的政治实用主义，却未免足跟不稳。至于其内心的隐曲，却不是这篇《船山遗书序》的官样文章所能彰显，而只能在他与"素契"的亲朋好友的私人信札中有所呈露。

湘军攻克天京后，曾国藩最畏忌的一是清廷的疑忌，二是清议的言论。在这种情况下，王夫之《读通鉴论》《宋论》中表达的君主勿因疑忌而失天下和反对清议乱政的思想就成了曾国藩利用的对象。特别是王夫之的那些排斥清议的言论，最为曾国藩所激赏。他在致郭嵩焘的信中说，尊函"痛陈自宋以来言路之蔽,读之乃正搔着痒处。……船山先生《宋论》,如宰执条例时政、台谏论宰相过失及元祐诸君子等篇,讥之特甚,咎之特深,实多见道之言。尊论自宋以来多以言乱天下,南渡至今,言路持兵事之长短,乃较之王氏之说尤为深美,可以提尽后有万年之纲"。当然,曾国藩出于政治实用的需要而利用王夫之的思想是一回事,而王夫之思想所产生的实际社会影响则是另外一回事。曾国藩主持刊刻《船山遗书》,而《船山遗书》问世后所产生的影响却出乎曾氏的意料。历史人物的作为所导致的后果往往与其愿望相反,或大大出于其愿望之外,这正是历史的吊诡。

王夫之思想对谭嗣同的影响

王夫之的思想哺育了戊戌维新时期的一代改革志士,其最杰出的代表,当推为改革事业壮烈献身的"戊戌六君子"之一的谭嗣同。

谭嗣同(1865~1898),早年"闻衡阳王子精义之学",好读《船山遗书》,三十岁以前曾作《王志》,"私淑船山也"。接受西学后,他提出了"画此尽变西法之策",即推行经济、政治、文化诸方面的全方位改革的主张;而作为他的改革思想之哲学基础的,乃是王夫之的哲学思想;推动他义无反顾地走上为变法维新壮烈牺牲之路的,也仍然是王夫之的哲学思想。他既是一位对王夫之思想作认真研究的学者，也是一位发展了王夫之的思想并将其付诸实践的思想家和改革家。

对于王夫之的思想在中国思想史上的地位，谭嗣同给予了极高的评价。他曾说："三代以下无可读之书。更以论国初三大儒，惟船山先生纯是兴民权之微旨；次则黄梨洲《明夷待访录》，亦具此义。"在《仁学》中，他论及三代之下可读之书，首举黄梨洲《明夷待访录》，"其次，为王船山之遗书"。其《论艺绝句》，更把王夫之推崇为"膺五百年之运，发斯道之光"的一代圣哲，诗云：千年暗室任喧豗，汪（江都汪容甫中）、魏（邵阳魏默深源）、龚（仁和龚定庵自珍）、王（湘潭王壬秋闿运）始是才。万物昭苏天地曙，要凭南岳一声雷。"南岳一声雷"下自注曰："文至唐已少替，宋后几绝。国朝衡阳王子，膺五百年之运，发斯道之光，出其绪余，犹当空绝千古。"他认为魏晋人清谈玄旨，宋儒以善谈名理而称道学或理学，然而理之与道，皆虚悬无薄，"王船山先生乃改称精义之学……其斯为学者正名之宏轨乎？"

他独具慧眼地看出了王夫之的哲学思想与其诗歌创作的微妙关系，看出了王夫之的哲理与诗心所展示的乃是相互贯通的同一境界。他说："论诗于国朝尤为美不胜收，然皆诗人之诗，更无向上一著者。惟王子之诗，能自达所学。"诗人之诗与哲人之诗的区别就在于有没有"向上一著"，即能不能通过诗的意境美展示其彻悟宇宙人生之真谛的境界。王夫之能做到这一点，故谭嗣同称他的诗能自达所学。对于当时湖南诗人欧阳瓣薑、王闿运、邓辅纶及诗僧寄禅等人在诗歌创作中对"薑斋微意"的探寻，谭嗣同兴奋地写下了"一时诗思落湖南"的诗句。

谭嗣同以王夫之关于道器关系的论述作为其改革主张的哲学基础。针对时人关于"变器不变道"的观点，他引证了王夫之关于"洪荒无揖让之道……汉唐无今日之道，则今日无他年之道者多矣"的论述，指出"器既变，道安得独不变？……人自不能弃器，又何以弃道哉？""故变法者，器既变矣，道之且无者不能终无，道之可有者自须亟有也"。

谭嗣同以王夫之关于理欲问题的论述来作为其批判旧道德的理论依据。他引证王夫之关于"天理即在人欲之中，无人欲则天理亦无从发现"的论述，批判"世俗小儒，以天理为善，以人欲为恶"的观点，指出无人欲即无天理。且进一步从学理上揭示宋明道学家的谬误，指出"紫阳（朱熹）人欲净尽之误于离，姚江（王阳明）满街圣人之误于混"。他的这些论述，都不是如某些人所说的那种情绪化的激进之论，而是纯粹学理上的严谨辨析与深刻洞见。

王夫之的政治经济思想亦给予了谭嗣同以多方面的启迪。受王夫之关于君权"可继、可禅、可革"的思想启迪，谭嗣同提出了君主由民"共举之"，且可由民"共废之"的政治主张。对于王夫之的吏治改革思想，谭嗣同亦表示完全赞同。他说："吏事至烦苦，纤末苛谨，晰如牛毛，徒滋弊而扰民，甚无谓也。王船山论吏卒不畏廉明而畏简，最得吏事之要领。"王夫之在《读通鉴论》中曾论及中国社会的游民问题，对此，谭嗣同亦极为重视，他预言游民问题解决不好乃"必乱之道"，当以移民垦荒和辟地通商之策善以处之。

对于王夫之的科学精神，谭嗣同亦深表赞许。他说："嗣同殊愤末世之诬妄，惑于神怪杂谶，使民弗亹亹（勤勉不倦）乎事业，坐为异邦吏役，读衡阳王子辟五行卦气诸说，慨焉慕之。"当然他也批评了王夫之"于河图、洛书、太极图等，何复津津乐道"。然而，他强调："苟明乎五行非以统万物，八卦非以纲百名，则诸杂说非五行八卦无所牵附以苟其义者，亦且自息。"当然，他没有注意到王夫之的著作中也有对宋儒家中《太极图》的质疑和对邵蔡的河洛先天象数学的批判。

谭嗣同还充分肯定了王夫之的多元开放心态及其不徇流俗的气概。他说："衡阳王子，可谓大雅宏达者矣，而其言曰：君子之立论，有不必相通而各自成一道，所以使人之随位自尽，是或一道也，后儒不察，视为牴牾而窜之。吁！其亦侗矣。"他又引王夫之关于"天下自乱而我自治"的论述，说明"士君子固贵立节慨，然其中要必有个所以然，不可徒慕节慨之名，随他人为忧喜也"。儒者谓"达则兼善天下"，而谭嗣同则从王夫之的伟大人格中发现："穷亦能兼善天下，且比达官之力量更大。"

王夫之哲学思想的"不生不灭"说，成为谭嗣同为戊戌维新慷慨捐躯的强大心源动力。世俗好生而恶死，谭嗣同为之大惑不解，认为这是不明白"不生不灭"之理的缘故。从"不生不灭"的"太和"之理出发，他认为，"生固非生，灭亦非灭，又况体魄中之精灵，固无从观其生灭者乎！"王夫之关于"一圣人死，其气分为众贤人"之说，更使他深信精神之不朽、如薪火相传的可能性。他认为王夫之的这一观点，与基督教的"灵魂不灭"说和"永生"说、佛教的"轮回""死此生彼"说等等，实质上是一致的。所以，"知身为不死之物，虽杀之亦不死，则成仁取义，必无怛怖于其衷"。

王夫之的思想不仅深刻影响了晚清以谭嗣同为代表的一大批改革志士，甚至连光绪皇帝的改革诏书也带有王夫之的口吻。1898年戊戌维新失败后，慈禧太后倒行逆施，导致了1900年的庚子之乱，迫使慈禧太后不得不考虑政治改革问题。1901年1月29日，光绪皇帝再次发布改革诏书，其中有这样一段话:"我中国之弱,在于习气太深,文法太密。庸俗之吏多,豪杰之士少。文法者庸人借为藏身之固,而胥吏倚为牟利之符。公事以文牍相往来,而毫无实际。人才以资格相限制,而日见消磨。误国家者在一私字,困天下者在一例字。"这段话对中国的旧文化传统的那些根深蒂固的弊病所作的概括,大都是王夫之所讲到过的。

王夫之思想与辛亥革命和"五四"新文化运动

戊戌维新失败后,王夫之的民族主义思想成为资产阶级革命派"驱逐鞑虏,恢复中华"的思想武器。章太炎先生在《自定年谱》中记述当时革命派与改良派之分歧时写道:"康氏之门,又多持《明夷待访录》,余常持船山《黄书》相角,以为不去满洲,则改政变法为虚语,宗旨渐分。"太炎先生又说:"衡阳者,民族主义之师;余姚为立宪政体之师。"可见当时主张君主立宪者更推崇黄宗羲的《明夷待访录》,而主张排满革命者则更推崇王夫之的《黄书》。太炎先生那篇著名的《驳康有为论革命书》,体现了王夫之《黄书》的精神。但太炎先生把推崇黄宗羲或推崇王夫之作为改良派与革命派的分野,则似乎过于绝对。出自康有为之门的梁启超就不仅推崇黄宗羲,也推崇王夫之。他在1902年写的《论中国学术思想变迁之大势》一文中说:"抑《黄书》亦《明夷待访录》之亚也。其主张国民平等之势力，以裁抑专制，三致意焉（吾昔抄录《读通鉴论》《宋论》《黄书》中发民权之理者，凡三四十条，文繁不备征）。黄、王之轩轾，吾盖难言之。"革命派更推崇王夫之，是因为他比黄宗羲具有更为强烈的民族主义思想的缘故。晚年的太炎先生在《重刊〈船山遗书〉序》中写道："当清之季，卓然能兴起顽懦，以成光复之绩者，独赖而农一家言而已矣。"此一说法亦仅仅是就"排满"与"光复"立论，说明王夫之的著作在排满革命中发挥了比黄宗羲的《明夷待访录》更大的作用而已。

在辛亥革命前十年间，王夫之的经济思想亦引起了主张中国社会应走市场经济发展之路的学者的高度重视。1906年11月，《东方杂志》三卷十期刊登了一篇题为《王船山学说多与斯密暗合说》的论文，注明"本社撰稿"，署名"勇立"。该文将王夫之的经济思想与亚当·斯密的《原富》作了对比，认为王夫之与亚当·斯密都是主张生计自由之说的。文章还从多方面论证了王夫之的经济思想与亚当·斯密的暗合之处，如国家之富在岁殖而不在金银，任物自己则物价常趋于平，徒俭不足为贵，必用为母财以生利；主张"天下交相灌输"的通商互市，认为增进国民财富最好的办法是使民众运用其智力而无所阻挠，如此等等。文章最后慨叹："我国士夫于船山之学说，读之者百无一焉，读之而解其理者千无一焉，读之而能措诸政事者万无一焉。国势之所以异于欧美者，其原因虽不一，而此或其一端也。"文章有理有据，比较有说服力。20世纪对于王夫之思想作严肃、认真、扎实的学术探讨，当推此文为开端。

20世纪初，特别是辛亥革命以后至"五四"新文化运动时期，宣传科学、民主和新道德在中国进步思想界蔚然成风。王夫之思想中的科学精神的因素、人道主义的因素、提倡独立人格和豪杰精神的因素，亦获得了一些进步思想家的重视，为之赞赏，为之倾倒，为之认同，为之阐扬、发挥。杨昌济先生和梁启超先生就是其中比较杰出的代表。当时他们所读到的王夫之著作，皆为金陵节署本的《船山遗书》，远不及如今出版的《船山全书》之全。亦如蔡尚思先生所说，梁启超也坦言他并未将《船山遗书》读完。也许杨昌济先生也是如此。

杨昌济先生认为，从"汉学通显，宋学通微"的观点看，王夫之的主要贡献显然是在"通微"的义理之学即宋学的方面："通微者，深思之功也，深则能研万事微茫之几。"再从王夫之与宋学的不同学派的关系来看，杨昌济先生亦敏锐地看到了王夫之的学说与陆王心学的微妙关系，他指出："船山时时辟象山阳明，而其所论致知之功夫，乃与陆王之说合，亦当注意之事也。"

杨昌济先生从多方面发挥和弘扬了王夫之学说的精义。他在给学生讲教育学史时，讲到西方近代哲人培根倡实验派哲学、笛卡儿倡推理派哲学时，乃联系王夫之学说而发挥道："格物则实验之事也，致知则推理之事也。王船山《读四书大全说》辨格物致知之义甚详。"他十分推崇王夫之"卓然不惑"的科学精神，认为王夫之在反对迷信术数方面比许多近代学者都更有识力。他说："吾国人不惑于风水之说者鲜矣，虽朱子犹惑焉。近世如魏默深、曾涤生、郭筠轩、刘霞仙，皆有此迷信。船山独卓然不惑，力排五行术数之说，此其所以为卓绝也。观其论京房、崔浩、邵康节、蔡西山，皆力持正论，可以知其识有独到矣。"

杨昌济十分重视发挥王夫之的道德伦理学说。他认为王夫之关于"未有圣贤而不豪杰"的思想，是对孔子关于"三军可夺帅也，匹夫不可夺志也"思想的继承。他强调，道德教育在于锻炼意志，人有强固之意志，始能实现高尚之理想。意志之强者，对于己身，则能抑制情欲之横恣；对于社会，则能抵抗权势之压迫。他又引韩愈《伯夷颂》之中的一段话来发挥王夫之的"豪杰"之说："士之特立独行，适于义而已。不顾人之是非，皆豪杰之士，信道笃而自知明者也。一家非之，力行而不惑者，寡矣。至于一国一州非之，力行而不惑者，则天下一人而已矣。若至于举世非之，力行而不惑者，则千百年乃一人而已耳。"他认为，特立独行，非意志坚强者不能；寻常人多雷同性，无独立心，此其所以为寻常人也。他十分赞赏王夫之的"哲人之愚"和静而有所不为之说，指出："黄梨洲讥侯朝宗之不耐寂寞，盖不耐寂寞者，无自得之乐而有荣华之慕者也。王船山《诗广传》引申哲人之愚之义，而论魏无忌、阮嗣宗诸人之不能自安其心，正得此意。"又说："余尝教人以有胜于无，动胜于静，乃是为太无作为之人立论；其实有为固不易，有不为亦不易。社会时时要求我作事，欲拒斥其不合为者，非有十分之果断与定力不能。"此外，他还认为王夫之关于"我者德之主"的思想，与近代伦理学的自我实现说暗合。

杨昌济先生还十分重视王夫之的人道主义思想。他在《静观室札记》中指出："王船山论刑罚中有凌迟处死太惨酷非人道，良然。船山又论张巡杀爱妾以享士之非，亦可谓能见其大。"他阐述发挥王夫之的思想说："官吏以残忍之道待人民，盗贼遂亦以残忍之道待人民。吾人以残忍之道互相待，外人遂亦以残忍之道待吾人，呜呼痛已！"为了反对外人以残忍之道待吾人民，首先要反对"吾人以残忍之道互相待"。他还主张把王夫之狭义的汉民族民族主义扩大为"五族共和"的民族主义，以反抗帝国主义的侵略和压迫。

杨昌济先生稍后，梁启超在《清代学术概论》和《中国近三百年学术史》两部著作中亦对王夫之的思想作了比较中肯的评说。他认为王夫之的学说乃是"理学之一大反动",并着重肯定了王夫之思想中科学精神的因素和道德伦理思想中的合理因素。

关于王夫之思想中科学精神的因素,梁启超在《清代学术概论》中指出:"其治学方法,已渐开科学研究的精神,尝曰:'天下之物理无穷,已精而又有其精也,随时以变,而皆不失于正。但信诸己而即执之,云何得当?况其所为信诸己者,又或因习气,或守一先生之言,而渐渍以为己心乎'!"在《中国近三百年学术史》中,他将王夫之与顾炎武作比较,认为"亭林建设方向近于'科学的',船山建设方向近于'哲学的'"。然而,王夫之的"哲学的"建设方向亦是以"科学的"认知和方法为前提或内核的,他说:"西方哲学家,前此惟谈宇宙本体,后来渐渐觉得不辨知识之来源,则本体论等于瞎说,于是认识论和伦理学成为哲学之主要部分。船山哲学正从这个方向出发。"这些论述都十分正确而精辟。

关于王夫之的道德伦理思想,梁启超亦肯定"其言'天理即在人欲之中,无人欲则天理无从发现',可谓发宋元以来所未发,后此戴震学说实由兹演出"。梁启超指出王夫之的新理欲观先于戴震,肯定这种新理欲观的合理性,则是正确的。

　　从谭嗣同到章太炎，再到杨昌济、梁启超，这些中国近代史上立志改革的仁人志士，都将王夫之思想中的"新的突破了旧的"的进步因素与欧洲文艺复兴、启蒙运动时期的新思想相比拟，且都确有其来自王夫之著作的文本依据，证明了王夫之思想在其主导的和创造性的方面所具有的"早期启蒙"性质。

王夫之研究：一种世界性的学术

　　五四运动唤醒的民主和科学的启蒙主义意识，大大地促进了东西方文化的交流和比照，促进了对传统文化特别是启蒙先驱思想的发掘和反思，使王夫之思想的研究发展到新的阶段。不少学者致力于清理王夫之的学术体系并把握其理论重心。如李石岑首标其哲学基础为"体用一源论"（《中国哲学十讲》）；王孝鱼乃目其根本观念为"天下惟器论"（《船山学谱》）；嵇文甫把王夫之哲学概括为"天人合一、理势合一、常变合一"之学（《船山哲学》）；张西堂则总称其世界观为"道器相须、理气一元、心物一元"之论（《王船山学谱》）；吕振羽就其社会政治思想直命之为"经济欲望论"（《中国政治思想史》）；熊十力将其学说的宗旨而纲举为"明有、尊生、主动、率性"四原则（《读经示要》）；唐君毅就其哲学致思进程由"继天道""立人道"而归宗于"人文成化论"(《中国哲学原论·原教篇》);侯外庐肯定其"具有近代新世界观萌芽",更从自然史哲学的"絪缊生化论",人性论中的"理欲合性说"和认识论中的"继善成性论"诸环节展示其思想结构和范畴体系(《船山学案》)。凡此种种,皆持论有据,言之成理,见仁见智,各有会心。历史遗产的研究、诠释与评价的尺度,总是同研究者的历史实践水平及其所采取的视角与方法密切相关,总是因人而异、因时而异,并表现为"新故相推新其故",不断地扬弃旧的局限、开拓新的领域。

王夫之遗著的搜集、整理和校勘,是王夫之研究的一个重要领域。在这方面,一代又一代学者做了大量极为艰辛的搜求散佚、校订文本的工作。积数代学者之功力,到1996年,终于出版了岳麓书社本《船山全书》十六巨册。新版《船山全书》,广辑传世之王夫之著述及前未入集之遗佚书文,据可信之旧抄、旧刻和王夫之手稿以订正前人之窜改删削及传写之讹脱,施以新式标点,在收录之全、校勘之善等方面,都远远超过了1933年上海太平洋书店版的《船山遗书》。

20世纪下半叶的王夫之研究已成为一种世界性的学术。在国内,从60年代初以来,先后举行了四次王夫之研究的盛会：1962年的全国性讨论会由两湖哲学社会科学联合会举办，1972年由台湾省学术界举办，1982年、1992年的两次盛会皆由湖南省学术界举办，取得了丰硕的成果。在国外，苏联、日本、欧美及以色列皆有关于王夫之著作的译介和研究成果问世。国内国外，形成了多元互动的研究模式，王夫之研究粲然成为显学。

21世纪将是东西方文化进一步会通和融合的世纪，是人类为解决全球性问题而重建现代理性和新人学的世纪，是人道主义、人文精神行将成为全人类共同信奉的普遍价值、普世伦理和共同精神追求的世纪。在这样的时代，王夫之所创立的富于人道情怀和人文精神、具有巨大的历史感和深沉的终极关怀意识的人文主义思想体系，无疑将成为全人类共同的精神财富，必对现代人的精神生活、思想创造和人类文明的进程产生深远的影响，并且在未来的人类历史实践中显示出它那历久弥新的生命力！

附录

年　谱

1619年10月7日（明万历四十七年九月初一）　王夫之诞生于湖南衡阳城南回雁峰王衙坪。

1622年（天启二年）　入塾发蒙，由长兄王介之教读，到七岁时已读毕十三经。

1628年（崇祯元年）　从其父学五经经义。

1632年（崇祯五年）　考中秀才，经湖广学政王志坚推荐，入衡阳州学读书。

1633年（崇祯六年）　赴武昌考举人，未中。

1634年（崇祯七年）　从叔父王廷聘学诗。

1636年（崇祯九年）　再赴武昌考举人，未中。

1637年（崇祯十年）　与同邑陶万梧之女结婚，从叔父王廷聘读史。

1638年（崇祯十一年）　游学于长沙岳麓书院，参加邝鹏升组织的"行社"。

1639年（崇祯十二年） 夏，再赴武昌考举人，未中。十月，在衡州与好友郭凤跹、管嗣裘、文之勇等组织"匡社"。

1641年（崇祯十四年） 湖广提学佥事高世泰岁试衡阳，列王夫之文为一等。

1642年（崇祯十五年） 夏，赴武昌应试，与长兄王介之、好友管嗣裘同时中举。以《春秋》第一考中第五名，受到督学高世泰和考官欧阳霖、章旷的器重。参加熊渭公等在黄鹤楼召集的"须盟"大会。冬，与长兄介之取道水路赴京参加会试，中途为战事所阻。

1643年（崇祯十六年） 正月，返回衡阳。同年，刻印第一部诗集《漇涛园初集》。

1644年（崇祯十七年） 王夫之闻崇祯皇帝殉国，作《悲愤诗》一百韵。同年，迁住南岳双髻峰下，筑茅屋而居，起名"续梦庵"。

1645年（清顺治二年） 三月，湖广学政堵胤锡来访。五月十五日清军占领南京，王夫之闻讯，作《续悲愤诗》一百韵。

1646年（顺治三年） 夏，只身赴湘阴，上书湖北巡抚章旷提出调和南北督军和联合农民军抗清的建议，章旷不听，失望而归。八月，闻清军下汀州，隆武帝殉国,作《再续悲愤诗》一百韵。十月,明朝两广总督丁魁楚、广西巡抚瞿式耜等人拥立桂王朱由榔于肇庆,以明年为永历元年。十一月,其妻陶氏卒,作《悼亡诗》。

1647年(顺治四年) 四月,与好友夏汝弼从湘乡间道奔赴广西,行至湘乡西南90里的车架山时,遇霖雨弥月,被困于山中,未能如愿。五月,清军攻克衡州,其父王朝聘、二叔王廷聘、二叔母和仲兄王参之,均在战乱中死去。

1648年(顺治五年) 十月,与夏汝弼、管嗣裘、僧性翰等在南岳方广寺举兵抗清。兵败后,与管嗣裘走耒阳,至兴宁遇欧阳霖,遂由桂阳度岭至肇庆,投奔南明永历政权,被堵胤锡荐为翰林院庶吉士,以父丧辞谢。

1649年(顺治六年) 活动于桂林、肇庆,结识瞿式耜、金堡、方以智等。夏,归南岳理残书。秋,携侄王敉再赴肇庆。先到德庆州,与邹统鲁、管嗣裘同谒堵胤锡于舟中。复往桂林拜见瞿式耜,瞿再荐请阁试,仍以丧服未满相辞。

1650年(顺治七年) 春,父丧期满,在桂林与襄阳名士郑仪珂之女结婚。至梧州,接受行人司行人介子官职。四月,为金堡等被诬陷事,三次上书弹劾内阁辅臣王化澄，几被王化澄逮治下狱，幸赖农民军将领高一功慕义营救，得以逃往桂林。八月，在桂林作贺诗二首，祝贺瞿式耜六十寿辰。十一月，清军陷桂林，王化澄迎降，瞿式耜壮烈殉国，王夫之流亡至永福，困于水砦，绝食四日，几死。

1651年（顺治八年） 回到衡州，知其母已于去年八月去世，哀恸屡绝。初寄居耐园，旋避居双髻峰之续梦庵。

1652年（顺治九年） 迁往衡岳中之耶姜山。三月李定国率领大西农民军主力十万、战象五十举行反攻，大败清军于桂林，擒杀降清叛将陈邦傅，清定南王孔有德自焚死。清敬谨亲王尼堪率援，由长沙直扑衡州，被李定国斩于阵，清廷震恐。李定国"两蹶名王"，光复西南大片失地。九月，克衡州，派人招请王夫之等共议兴复，犹豫未往。

1653年（顺治十年） 清军反攻，湖南再陷。又有人邀王夫之前往永历帝所在地安隆，进退萦回，终未往。

1654年（顺治十一年） 秋，为躲避清廷侦缉，逃隐于湘南零陵、常宁、晋宁、兴宁一带，开始了三年艰苦备尝的流亡生活。曾变姓名易衣冠为瑶人，寄居荒山破庙中；后移居常宁西庄源，以教书为生。

1655年（顺治十二年） 春，转徙晋宁山中，借住僧寺，为从游者说《周易》《春秋》。拾烂账簿作稿纸，开始撰写《周易外传》一书。八月，写成《老子衍》初稿。

1656年（顺治十三年） 三月，《黄书》成。冬，还衡阳，登双髻峰，过二贤祠，仍返西庄源。

1657年（顺治十四年） 四月，结束三年湘南流亡生活，带着妻子郑氏和未满周岁的幼子王敔，返回衡岳莲花峰下的续梦庵故居。秋，写成《家世节录》。

1660年（顺治十七年） 夏，徙居衡阳金兰乡高节里，在茱萸塘筑茅屋，名"败叶庐"。这年冬及次年，写《落花诗》近一百首。

1661年（顺治十八年） 六月，妻郑氏卒，作《悼亡诗》。冬，清军攻入缅甸，俘永历帝。次年春，杀永历帝于昆明。

1662年（康熙元年） 春，闻南明亡，作《三续悲愤诗》一百韵及《长相思》乐府二首。

1663年（康熙二年） 写成《尚书引义》初稿。

1664年（康熙三年） 作《永历实录》二十六卷。另有《箨史》十篇，为明末抗清志士立传，可能作于此后不久。

1665年（康熙四年） 写成《读四书大全说》十卷。

1666年（康熙五年） 唐端笏来就学门下，直至其殁，追随26年。

1668年（康熙七年）春 夏间曾游湘乡。秋，相继写成《春秋家说》三卷、《春秋世论》二卷。

1669年（康熙八年） 夏，与唐端笏等门人同游吸阁岩，为剖示宋明以来学术源流及朱、陆异同。编《五十自定稿诗集》，撰《续春秋左氏传博议》上下卷。冬，迁住新筑草屋"观生居"。

1671年（康熙十年） 写成《诗广传》。

1672年（康熙十一年） 三月，好友郭都贤以文字狱遇害于南京，书挽诗遥哭。十月，闻方以智被清廷迫害致死，不禁狂哭，吟诗纪哀。

1673年（康熙十二年） 吴三桂举起反清复明旗帜，起兵于云南。

1674年（康熙十三年） 吴三桂军攻入湖南，四方响应。正月，王夫之至湘乡访至亲刘象贤。秋，与唐端笏泛舟洞庭，病寓僧寺。广西将军孙延龄派刘都护前来问病，王夫之以诗相赠，又以《双鹤瑞舞赋》赠孙延龄，勉励他"光赞兴王，胥匡中夏"。

1675年（康熙十四年） 寓衡阳城北旃檀林。年初又北上洞庭，至岳阳。二月，至长沙。再渡洞庭，至岳阳。三月，过长沙，返衡阳，章旷次子章有谟自广西来访，同返衡阳。六月，与章有谟、李缓山等好友同登回雁峰。八月，与蒙正发一起去萍乡。

1677年（康熙十六年） 吴三桂败走衡州。秋，原方以智侍者来访，赠诗有"秋声不断有蝉吟"句，表达了他对时局变化的失望心境。

1678年（康熙十七年） 春，拒绝为吴三桂写《劝进表》，旋逃入深山，作《祓禊赋》以见志。冬，回湘西草堂。

1679年（康熙十八年） 二月，清军克衡州，王夫之与章有谟避兵楂林山中，写《庄子通》。返回草堂后，受到清政府暗探的日夜监视，作《斋中守犬铭》。七八月间，闻蒙正发去世，作悼诗及墓志铭，寄托哀思。

1681年（康熙二十年） 七月，清军攻占澎湖，进攻台湾；十月，清军彻底荡平了大西南的反清势力。是年冬，处于悲愤心境中的王夫之，开始病哮喘。

1682年（康熙二十一年） 十月，写成《噩梦》，署名船山遗老。

1684年（康熙二十三年） 从初春至秋末，大病，于病中写成《俟解》一卷。

1685年（康熙二十四年） 孟春，大病初愈，写成《张子正蒙注》九卷。九月，写成《周易内传》十二卷，《周易内传发例》一卷。

1686年（康熙二十五年） 正月，长兄王介之卒，年八十，王夫之扶病赴长乐乡奔丧。六月，写《传家十四戒》授长孙王若。

1687~1691年（康熙二十六年至三十年） 撰《读通鉴论》三十卷。

1689年（康熙二十八年） 四月，重订《尚书引义》一书。

1691年（康熙三十年） 四月，《读通鉴论》三十卷、《宋论》十五卷定稿。

1691年（康熙三十年） 深秋，作《船山记》及《自题墓石》。自为铭曰："抱刘越石之孤愤，而命无从致；希张横渠之正学，而力不能企。"

1692年2月18日（康熙三十一年正月初二） 在湘西草堂逝世，葬于衡阳金兰乡大罗山麓。

主要著作

王夫之一生，著述宏富，传世的著作多达九十五种，三百八十余卷，五百余万言。还有佚著二十六种，尚待访求。以下十九种文献，是王夫之最主要的著作，皆有中华书局本，亦可于1996年全部出版问世的岳麓书社本《船山全书》十六巨册中见之。

1.《王夫之诗文集》

2.《黄书》

3.《噩梦》

4.《俟解》

5.《张子正蒙注》

6.《周易外传》

7.《思问录》

8.《读四书大全说》

9.《尚书引义》

10.《续春秋左氏传博议》

11.《诗广传》

12.《薑斋诗话》

13.《老子衍》

14.《庄子解》

15.《庄子通》

16.《相宗络索》

17.《永历实录》

18.《读通鉴论》

19.《宋论》